共和国领袖故事

周恩来

中国国家博物馆 编著

上海教育出版社
SHANGHAI EDUCATIONAL
PUBLISHING HOUSE

《共和国领袖故事》编辑委员会

主　任　吕章申　潘震宙
副主任　贾立群
委　员　（按姓氏笔画为序）
　　　　马英民　刘　芳　朱　珠　安　莉　胡惠强　耿　坚
　　　　夏燕月　席　新　龚　青　龚东生　崔久衡

总　主　编　吕章申
执行总主编　夏燕月

本册主编　胡惠强
本册作者　李金光　李正华　杜　波　孙丽梅　胡惠强
图片保障　黄燕如
图片制作　施宗平　刘津京　唐　雪　吴　虹

目录

母子情深

1898年3月5日，在江苏古城淮安驸马巷周家的宅院中，随着一位产妇的呻吟，一个男婴出世了。全家人欢乐之余想起钵池山上，有一种与“凤凰”齐名的神鸟叫做“鸾”。于是，“大鸾”这个吉祥的名字就成为孩子的乳名。他，就是日后成为党、国家和人民军队的卓越领导人，并为世界和平做出卓越贡献、深受全国人民爱戴的世纪伟人周恩来。

周家曾是名门望族，祖上原是浙江绍兴人，后祖父到淮安当师爷，晚年谋到个知县职位，但前任知县倚仗后台长期拒不交印。待他正式上任时，已是病体难支，不久便去世了。留给四个儿子(贻庚、贻能、贻奎、贻淦)的只有一块坟地和一座宅院。从此，周家日趋衰落。大鸾的父亲周贻能为人忠厚，长期在外省做小职员，薪水不多，经常失业。母亲万氏出身于大户人家，容貌出众，性格爽朗。大鸾出生后，在母亲精心呵护下健康成长着。但是，就在大鸾未满周岁时，周家发生了一件不幸的事，他的小叔周贻淦大口吐血，一病不起，经诊断为痨病。此时，刚嫁到周家才一年的婶婶陈氏痛苦万分，想到不孝有三，无后为大，她为贻淦难过；想到患病的丈夫不久将离开人世，自己就会成为没有子嗣的寡妇，她为自己悲伤。大鸾是周家当时唯一的孙子，他的父母深明“人伦大义”，为使四弟在生命弥留之际心有所慰，为使弟媳将来生活有所依托，于是决定把

不满周岁的周恩来过继给他们，按迷信的说法叫“冲喜”。当陈氏从万氏的怀中接过大鸾时，眼中满含感激的泪水。为了更好地哺育大鸾，不久又为他请了乳母——蒋江氏。两个月后，小叔周贻淦病故，陈氏把大鸾当作唯一的亲人。从那时起，大鸾便有了三位母亲：生母万氏、嗣母陈氏、乳母蒋江氏。在三位母亲的抚育下，大鸾度过了他难忘的童年生活，而他与母亲们之间的深情成为他一生中珍贵的情感。

周恩来的生母万氏出身于官宦世家，精明能干，豁达大度，容貌漂亮。尽管她已将恩来过继给陈氏，但仍爱若掌上明珠。她文化程度不高，却善于待人接物，应酬繁杂事务。此时周家已然败落，但门面还是要支撑的。为了解决经济上入不敷出的状况，要典当借贷，筹措银两；为了维持周家颜面，要维护一定的排场；为了缓和家族内部与亲戚间的不和，更要多方奔走、排解纠纷。她在处理这些家政大事时，常常喜欢将恩来带在身边，犹如她父亲过去喜欢把她带在身边一样。她凭借见多识广，聪慧精明，办事公道，每每排解纠纷、处理问题总是迎刃而解，这一点给幼小的周恩来留下了深刻的印象。他非常欣赏母亲先耐心听取各方情况再发表意见的办法，更叹服母亲经过耐心说服使问题得到妥善解决的本事。周恩来在回忆起这一幕幕往事时说：我的生母慈祥、温柔、文化不高，但我从她身上学到了善良和宽容大度的品德。我的生母是个爽朗的人，因此，我的性格也有她的一部分。1907 年春，万氏得了胃癌。家里没钱治病，万氏在贫穷、愁苦和劳累的煎熬下，病情日益严重。在外谋生的周恩来的父亲甚至还来不及回来看她一面，她便离开了人世。这一年她才 30 岁。

如果说恩来从生母那里学会了处世，那么嗣母陈氏则是他的文化启蒙老师。陈氏出身于书香门第，自幼喜欢书画、唐诗、宋词，性格娴淑，斯文典雅。自从丈夫去世后，她将全部精力用来培养恩来，更将全部希望寄托于恩来的身上。从四岁起，恩来就每天跟陈氏读书、写字；五岁以后，又跟她学习唐诗、宋词，虽说他还不能完

■ 江苏淮安驸马巷周恩来故居

全理解其中的含义，但已是背得烂熟。待恩来稍长，陈氏就经常给他讲一些故事，如《窦娥冤》、《韩信胯下受辱》、《岳飞传》和太平天国、义和团等。讲得最多的是巾帼女杰梁红玉、秋瑾的故事，这使得恩来幼小的心灵受到熏陶。在读书听故事之余，恩来还坚持写字，无论酷暑，还是寒冬，从不间断，一丝不苟，非常认真，终于练得一手魏碑加颜体的好书法。现在，当人们站在天安门广场人民英雄纪念碑前，抬眼望去，那雄浑有力的碑文，不禁使人想起周恩来少年时勤学苦练的情景。

就在恩来生母去世后仅仅一年，嗣母陈氏也被病魔夺去了生命。在与恩来生活的这段时间里，母子俩几乎一天也没有分开过，而这段时间正是周恩来人生的初始阶段，嗣母的言行举止对他的性格形成、教养的提高影响极大。他对嗣母的感情深厚至极，他称生母为“干妈”，而称陈氏为“娘”。讲到周恩来对母亲的感情，1941

年他在重庆演说时曾深情地说：我的母亲，我欠了她很多很多，我多么希望能回去清扫她坟上的落叶啊。这是一个把一生献给革命和国家的游子所能为母亲做的最微小的事情了，可是，我连这也做不到……1946年5月在重庆他对记者说："38年了，我没有回家，母亲的墓前想来已白杨萧萧，而我却痛悔着亲恩未报！"他唯有将对母亲深切的怀念之情深深地藏于心底。透过他那深邃的目光，我们洞悉的不正是他那博大的情怀吗？

恩来的乳母蒋江氏是位勤劳俭朴、心地善良的妇女，她极其真诚地把恩来当作自己的亲生儿子看待，而恩来始终亲切地称她为"蒋妈妈"。蒋妈妈在用乳汁哺育小恩来成长的过程中，更用自己的言行向他灌输了劳动人民诚实朴素的品质，同时也教会了他许多从书本上学不到的农家知识。蒋妈妈教会了小恩来如何栽种、浇水，还使他懂得了"种瓜得瓜，种豆得豆"的道理。她常把恩来带到大运河边自己的家中，让幼小的恩来了解到劳动人民朴素的生活。她就像天下所有的母亲一样，无论恩来走到天涯海角，总难割舍母子的亲情。那是恩来去天津读中学的时候，蒋妈妈借了高利贷作盘缠，不远千里，历尽了苦难来到天津，只为见上恩来一面。母子相聚抱头痛哭，那份真诚，那份情感不正是世间珍贵的母子之情吗？

三位母亲给予了周恩来最真挚的爱，最珍贵的情，更给予了他三种不同的养分。他后来文采飞扬，才思敏捷，这中间有嗣母的影响；他后来不搞特殊，艰苦朴素，和劳动人民同甘共苦，这中间有乳母的功劳；他后来成为舌战群儒的外交家、日理万机的总理、深受全国人民爱戴的"大管家"，这中间有生母的熏陶。和三位母亲共同生活的经历，成了周恩来一生中宝贵的财富。三位母亲把无私的母爱倾注在恩来身上，而周恩来日后又把对母亲的爱全部报效给祖国和人民。

“为了中华之崛起”

1910年春天，周恩来随伯父踏上北去的船。此时，他的心境非但没有春光沐浴的温暖，反而自心底泛起阵阵寒意。像他这样年少的孩子，本该生活中有温暖的母爱、欢快的笑声、正规的学堂，但是家庭的变故、人情的乖戾、世道的黑暗，使他过早地品尝了世态的炎凉、人生的百味。在他幼小的心灵里，留下了一幕幕难忘的记忆。站在缓缓离岸的船头，他想到了去母亲坟前告别的情景，也想到了乳母蒋妈妈依依不舍的离别之情，更想到了“生于斯，长于斯”的故乡淮安。眼前镇淮楼、文通塔那巍峨的雄姿愈来愈远，他带着无比的惆怅、无限的眷恋走了。而他这一走，从此就再也没有回来。直至60多年后，淮安的父老乡亲才将他从十里长街接回来，接到他们的心里，接到他们的爱里。

周恩来的伯父周贻庚在沈阳任职，生活较为安定。夫人在天津居住。他们没有子女。在同辈的孩子中，伯父认为周恩来是个可造之才，非常喜爱他。当周贻谦（恩来的三堂伯）回家探亲时，周贻庚便托他无论如何要把恩来接到东北来。当时正是辛亥革命前夜，中国社会处在急剧的变化中，旧式学校已不吃香，以教授西方近代科技为主的新学堂很受人欢迎，虽然它收取的费用要高出旧学堂三倍，但在伯父看来要上就上最好的学堂。于是，周恩来先是在铁岭银岗书院暂读，秋天便转到奉天第六高等小学堂（后改名为

沈阳东关模范学校）读书。该学校按西方教育模式设置课程，有修身、国文、算术、历史、地理、格致、英文、图画、歌唱、体操等。少年恩来就是在这里开始接触到许多新知识，大大开阔了眼界。

在沈阳东关模范学校，周恩来遇上了一位教授史地课的好老师，名叫高亦吾。高老师是位学识渊博又富于正义感的进步教员，上课时，他经常丢开课本，讲述近代中国遭受列强凌辱的历史。从虎门销烟、鸦片战争到一系列不平等条约的签订；从强大的东、西方列强对中国的瓜分，到清朝政府腐败无能的卖国行径；从太平天国、义和团运动到黄花岗七十二烈士英勇牺牲的悲壮故事，常令少年恩来泪痕满面，热血沸腾。高老师那慷慨激昂、悲愤难抑的神情，使少年恩来受到强烈的感染。

当时对周恩来影响最大的书是中国资产阶级革命家邹容写的《革命军》。作者以通俗简洁的文字，抨击腐败无能的清王朝，呼唤革命的到来。书中写道："我中华欲独立……欲与世界列强并雄，不可不革命。""革命者，天理之公例也。革命者，世界之公理也"，是"顺乎天而应乎人之伟大事业，献身革命是每个人不可推卸之责任"。作者在书中赞扬西方资产阶级革命成就，提倡民主、自由、平等思想，主张资产阶级领导革命，建立资产阶级共和国，高呼："中华共和国万岁！""中华共和国四万万同胞之自由万岁！"周恩来从未读过如此尖锐泼辣的文章，他被书中的内容所吸引，被书中的文辞所激励。他如饥似渴地读着这本书，心中涌动着忧国忧民的情感，一种甘当"革命军中马前卒"的激情油然而生。

在校期间，周恩来与很多同学成为好朋友，尤其他与一位叫何履贞的同学非常要好。在沈阳读书三年，三个暑假都是在何家度过的。何履贞的祖父叫何殿甲，是位私塾先生，老人饱读诗书，颇具爱国之心。他不顾年迈体弱，带着两个少年来到城外魏家楼，满怀悲愤讲述了在中国土地上争夺利益的日俄战争。提起昔日杀声震野、血肉横飞的酷烈场面，讲着百姓背井离乡、生灵涂炭的凄凉景象，说到在中国人心头烙上耻辱印记的日、俄纪念碑，老人泪花闪动，颤抖不已。此时此刻，在少年恩来的心头燃起了对侵略者的满腔怒火，激起了对腐朽的清政府的无比愤恨，内心深处对那些奋起反抗侵略的英雄们产生了由衷的敬佩之情。

■ 1912年14岁的周恩来

1911年底的一天，兼修身课的魏校长走进教室。望着台下的学生，魏校长问道:“诸生为何而读书?”教室里鸦雀无声，没有一个学生主动回答。魏校长叫起一个前排的同学，那位同学慢慢站起身答道:“为明礼而读书。”魏校长缓缓点点头。第二位同学又答道:“为了当官而读书。”这时，一位靴铺掌柜的儿子起身说道:“我是为我爸爸读书。”教室里顿时哄堂大笑。魏校长无奈地摇摇头走到周恩来面前问道:“周恩来同学，你是为什么而读书?”周恩来是学校中第一个剪去辫子的学生，很多学生对此十分钦佩。见魏校长叫到周恩来，原本乱糟糟的教室一下子变得静得出奇。此时的周恩来想到在魏家楼的耳闻目睹，中国濒于危亡的严酷现实，使他有切肤之痛，他站起身来激昂地答道:“为中华之崛起而读书!”魏校长未想到，自己的门下竟有如此出众的少年学子。他激动地对大家说道:“有志者，当效周生啊!”

“为中华之崛起而读书”，就是少年恩来的求学方向，它像鼓满的风帆、振动的羽翼，激励着恩来笃实躬行，奋发向上。沈阳求学三年，他尊重老师，学习刻苦，各科成绩都名列前茅，尤其是作文、书法成了班上、年级乃至全校的翘楚。他的作文常常被先

生贴在学校的走廊里供同学们观摩。入校第二年，周恩来所写题为《东关模范学校第二周年纪念日感言》一文被收入《奉天教育品展览会国文成绩》一书，后又收入上海大东书局出版的《中学生国文成绩精华》，成为全国性的范文。当国文老师读罢此文后，即在卷面挥笔题就："教不如此不足以言教，学不如此不足以言学，学校不如此不足以言学校，文章不如此不足以言文章。""心长语重，机畅神流。"这就是才华横溢的少年恩来，这就是头角崭露的少年恩来，这就是立下"为中华之崛起而读书"的宏伟志向的少年周恩来。

三年的东北时光就要结束了，周恩来将要前往天津继续求学。这一天，他特地向何殿甲老人辞行，老人听罢消息后沉默了。入夜，年迈的老人特意为恩来写了《赠周恩来南归诗》五首和《赠周恩来文》。诗中写道："君欲南旋怅别离，不知后会在何期？倘能共到凌烟阁，自有言欢聚首时。"在赠文中，老人勉励恩来"能为非常之人，必有非常之才。有非常之才，始成非常之业"。短短几行，包含着老人对恩来的难舍之情；寥寥数语，寄托着老人对恩来的期许之意。当恩来读罢老人的诗文，双眼已是泪光滢滢，只喊了声"爷爷……"便什么也说不出了。

就要离开东北了，恩来忘不了朝夕相处的伙伴和同学，更忘不了三年时间结下的师生情谊。三年的关东岁月，在他波澜壮阔的一生中留下了深深的烙印。后来，周恩来在接见辽宁大学的学生时曾说过："我身体这样好，感谢你们东北的高粱米饭、大风、黄土，给了我很大的锻炼……""吃高粱米，生活习惯改变了，长了骨骼，锻炼了肠胃，使身体能适应以后艰苦的战争年代和繁忙的工作。"

此时此刻，我们仿佛又看见，在东北那飞沙满天的寒风中，在河水封冻的小河畔，在风雨泥泞的街道上，一个少年跑步的身影。那就是为中华崛起而读书的少年恩来，那就是为中华崛起而锻炼意志的少年恩来，那就是为中华崛起而奋进的少年恩来。

五个不虚度

周恩来少年读书时期为自己立下了一个准则：五个不虚度。即"读书不虚度，学业不虚度，习师不虚度，交友不虚度，光阴不虚度"。周恩来怀着"为中华之崛起而读书"的远大抱负求学上进，度过了充实、完美的青少年时代。

周恩来上学期间成绩优秀。在南开学校时国文和数学成绩尤为突出。南开学校《第十次毕业同学录》介绍周恩来："善演讲，能文章，工行书。……于全校文试，夺得首席，习字比赛，更列其名，长于数学，捷算赛速，两列前茅。"英文后来也同趋进步。他品学兼优，成绩优异，因而成为全校少有的免费生。

1916 年 5 月，南开学校举行国文比赛。周恩来以《诚能动物论》为题，用 3 小时完成此文。他文思奔放，纵古说今，语言简练，气势磅礴地阐述了他"崇诚信，弃作伪"的观点。他写道："浩浩乎大地之上，集无量数生物分子以成人。人者，万物之灵也。各具本能，感拥仁智，发挥其固有之天性，以角逐于天演界中……"

这篇文章得到了阅卷老师的高度赞扬："识见高超，理澄境彻，而通篇章法，更极完整合作也。……通体用笔之遒劲，布局之绵密，尤征功候之纯。冠冕群英，断推此种。"由此周恩来获得全校第一名，班级也被授予奖旗"含英咀华"。他做到了学业不虚度。

周恩来不满足于课堂所学，课外读了许多书。中国历史方面，

■ 1916 年在南开中学时的周恩来

如司马迁的《史记》、司马光的《资治通鉴》以及《汉书》、《三国志》等。还读了清初进步思想家顾炎武、王夫之的著作及谭嗣同的《仁学》等，从中汲取爱国主义思想营养。

这一时期，周恩来还读了许多 18～19 世纪欧洲资产阶级启蒙思想家的著作，如卢梭的《民约论》、孟德斯鸠的《法意》、亚当·斯密的《原富》、赫胥黎的《天演论》等。周恩来读这些书时，很仔细地做读书笔记，摘录书中的主要观点，他还常把书中的观点与中国古代思想家的观点结合在一起进行比较研究，从中得到有益的启示。他读《天演论》后，意识到老子主退让，赫胥黎主竞争，“所持之道实一而二、二而一也”。他认为，统世界之学理教说的“儒之孔、西之耶、印之佛”的“三氏说，非不善也，然其于生死存亡之观念，未免后于老、赫也”。他写道：“莽莽大地，其有倡老赫三氏退让竞争者，吾为之执鞭，亦欣慕焉。”

赫胥黎的“物竞天择，适者生存”，老子的“上善若水，以柔克刚”，虽然它们体现的是两种不同的处世态度，却表达的是同样的进取心。他表示，在世界上如有提倡老子、赫胥黎退让竞争者，我为他们效力，亦感欣慰和仰慕。

这种课余读书生活，使周恩来拓宽了知识面，视野和思路更广阔了。他做到了读书不虚度。

周恩来在南开学校期间的一个重要收获，就是道德修养的日臻完善。南开学校的良好校风对他很有影响。“修身”课教育，全校同学高唱“渤海之滨、白河之津、巍巍我南开精神……”的校歌，然后由张伯苓校长或其他教员讲国内外大事和做人处事之道，还请校外名流、学者前来演讲，要求学生仪表必须整洁，举止必须礼貌，不允许放荡的生活和行为。违反校规者受严厉惩处。它对学生思想性格和道德修养的形成，起了很重要的作用。

周恩来极重感情，由于自幼漂泊远离故乡亲人，在南开期间，他很怀念乡亲。与此相伴而生的是周恩来对集体和老师、同学的依恋之情。他认为，人立足在世，不能像禽兽草木只为自己活，必

须依赖公众的扶持。他对学校和班上的各种公益活动，总是热心尽力去做。毕业时，同学对他的评语有："君性温和诚实，最富于感情，挚于友谊，凡朋友及公益事，无不尽力。"

周恩来对人生道德修养各个方面都进行了认真的思考、反省和总结，人生观初步形成"相接以诚"，"而以诚为贵哉"的内容。他在《尚志论》中写道："故凡同一人类，无论为何种事业，当其动作之始，必筹划其全局，预计其将来，抱无穷之希望，然后按此希望路径以前进……"在《爱国必先合群》中，他分析了鸦片战争以来中国受帝国主义侵略凌辱的历史，阐述了每个中国人都有"合群"爱国救国之责，他写道："莽莽神州，已倒之狂澜待挽，茫茫华夏，中流之砥柱伊谁？弱冠请缨，闻鸡起舞，吾甚望国人之勿负是期也。"中国国民欲称强于世界，则当爱国。

在《论名誉》中，他认为一个人应珍惜自己的名誉，但决不能存那种"邀名之心"，而应当用正义来衡量它的轻重。在《我之人格观》中，周恩来论述了人格对于社会发展的极端重要性，"夫人格之造就，端赖良心，人同此心，心同此理，大道所在，正理趋之。处事待物，苟不背乎正理，则良心斯安，良心安人格立矣"。"……所以以德生存于世界，而向全盛之境，大同之世以共趋者，岂非恃此一代之人格耶!"周恩来认为人格的造就和完善，仗着良心的树立。心正理正，接人待物处事如能不违背正理，良心就能得到安稳，良心稳定人格也就由此建立。人生存于世界，应该向更高更好的理想境界努力，为大同世界而奋斗。这才不辜负此人格良心矣。周恩来后来为共产主义奋斗终生的信念及"认定的主义"的形成，无不是这些思想的体现。

思想观念的升华，使周恩来待人处事处处与人为善，温和诚实。从不骄傲，从不锋芒毕露，盛气凌人。无论对同学对友人总是肝胆相照，真诚相待。以至周恩来一生都是如此待人处事。他常利用课余时间帮助同学解难答疑，辅导功课。尤其毕业那年，大家都紧张复习，无暇他顾，他却一如既往，身兼社团八种职务热心从事公益活动，从未稍懈。他也和同学结下了深厚的友谊。

周恩来尊重师长，与老师关系非常融洽。他有时利用休息日去张伯苓校长家拜访，张伯苓非常喜欢这个年轻有为的学生，总是留他吃饭，对家人说周恩来是南开最好的学生。师生情义笃实。后来新中国成立时，张老专门向他最杰出的学生、共和国总理拍去贺电。1951 年张老病逝，周恩来亲自登门吊唁，表示他对老校长的一片深情。南开学校的不少老师在思想上、学业上和生活上给周恩来的帮助，他始终没有忘记。

周恩来生活上十分简朴，学业上发愤苦读，他多才多艺，在各方面都取得了令人瞩目的成绩。清贫俭朴的生活，周恩来保持了一生。

周恩来在风雨漂泊中度过了他不平凡的青少年时代，由一个忧国忧民的爱国少年，成长为坚定成熟的共产主义者。他的成长道路，是那一代革命青年求索过程的一个缩影，代表了那一代革命青年的历史性抉择。透过周恩来青少年时代闪光的人生轨迹，我们看到他人格的自我完善和追求民族幸福的崇高理想，在他青少年时代就得到完善和谐的统一，从而为他后半生成就伟大事业奠定了坚实的基础。他不仅在求学时做到五个不虚度，他一生都在实践这个做人准则。

雨中岚山

“大江歌罢掉头东，邃密群科济世穷。面壁十年图破壁，难酬蹈海亦英雄。”1917 年 9 月，周恩来怀着异常激动的心情，挥笔写下这首气度豪迈的诗篇，毅然踏上东渡日本的轮船。他决心学习古人“面壁而坐”的精神，磨炼自身。整整两年的时间，身在异国他乡的青年游子，为探索救国济世的真理，饱受多少磨难与坎坷。富士的雄姿，上野的樱花，岚山的细雨，记录着他的徘徊与彷徨，更记录着他的艰辛与曲折。当苦苦寻觅的真理似穿云而出的曙光普照大地时，周恩来的心中已燃起新的希望。

1917 年，恩来以优异的成绩从南开学校毕业。究竟怎样选择自己的人生道路，使他陷入苦苦思索中。校长张伯苓对这位门生很是喜爱，于是建议他去美国深造，因为当时在很多人看来，那是一个充满自由和生机的国度。但是囊中羞涩、家境贫寒的周恩来却不得不首先考虑钱的问题。从 1910 年他去沈阳读书，到 1913 年去天津求学，伯父已是尽了全力，此时不用说去美国，就是去日本，伯父也已无力负担。经过认真的思考，周恩来最终选择了去日本的道路。其一，日本离中国较近，路费相对节省，由于清末中日签订了一项代培中国留学生的协定，凡能考取日本政府指定的大专学校之一者，可享受官费待遇。其二，许多人认为，日本曾是一个与中国国情非常相似，但同样落后，同样闭塞的国家，自“明治维新”后，国力迅速强盛。其中原因值得探究。这对于立志为中华崛起而读书的周恩来确实具有极强的吸引力。

为了筹措赴日留学的经费，恩来不得不把自己常年积累下来的书籍卖掉。靠着教师、同学、朋友的零星接济，尤其是校董严修、校长张伯苓的热情赞助，他终于凑齐了最低限度的留学费用。赴日前夕，恩来到沈阳探望了伯父，他从心底感谢伯父数年来对自己的教养之恩。他还专程看望了沈阳东关模范学校的师友，亲自为小学同学郭思宁写下了“志在四方”、“愿相会于中华腾飞世界时”的临别赠言。此时此刻，周恩来的心中多么渴望自己的祖国能够强大繁荣啊！

初到日本的周恩来，为了节省经费，与一位姓陈的留学生同住一个贷间（日本一些房主将多余的住房出租，并承办房客的伙食和一般生活照料）。他准备报考的是东京高等师范学校和东京第一高等学校。为了参加来年 3 月的考试，周恩来与其他留学生同入东亚高等预备学校，补习日语和其他课程。日文，粗看似乎并不难学，但掌握起来却实在不易。在周恩来想来，明年的官费考试对他乃是“关键一战”，“成败与否不曾预料”。他每天徒步到校补习，从不敢稍有懈怠，但收效不大，这与当时周恩来的担忧和身受的压力非常大有关。

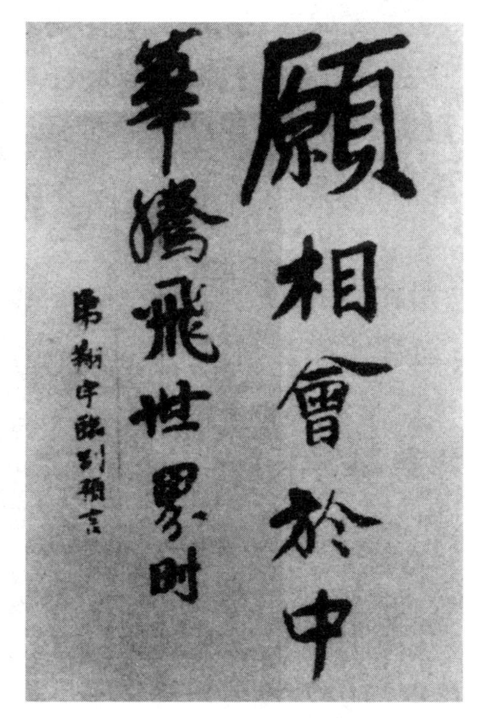

■ 1917 年 8 月 30 日，周恩来在东渡日本前为同学题字

当时在东京的南开学生有很多，除了张瑞峰、王朴山、

■ **1918 年初周恩来在日本的留影**

张鸿诰，还有吴瀚涛、童贯贤、严智开（严修之子）等。大家互相照顾、帮助，平时散居各处，来往不多，遇到大的节日便聚集起来，这使身在异国的学子多了一份温馨。由于周恩来为人热情，乐于助人，在留学生中逐渐有了一点声望。在留日南开同学会召开的南开学校成立 14 周年纪念会上，他受大家委托发表演说，并被选为南开同学会副干事。

身在日本的周恩来生活十分艰苦，为了节省费用，他每日只吃两餐，不吃肉食，买来最便宜的菜自己动手做。买得最多的是价格极为低廉的豆腐，所幸的是豆腐营养丰富，不妨碍身体发育，而且他很爱吃，觉得日本的豆腐比中国的更有味道。很多次他的脑海中都浮现出在天津街头吃豆腐的情景。他曾给在美国留学的南开同学冯文潜写信说道："每烹豆腐，顿忆兄矣。"

1918 年 1 月，周恩来突然接到从老家淮安寄来的书信，得知三叔贻奎去世。悲痛之情，难以言表。他在日记中写道："我身在海外，猛然接着这个恶消息，那时候心中不知是痛是悲，好像是已没了知觉的一样。"深夜来临，他辗转床头，难以入睡，家中那一幕幕凄凉的情景不时展现在脑际。此时此地，可有谁知道一位异国游子那极度悲哀的心境。

是年 3 月，周恩来在东京高等师范的入学考试中落榜。没被录取的他颇有些沮丧。7 月份，东京第一高等学校还有一场考试，如果不认真准备肯定难以考上，那么也就不能享受官费待遇。经历了落榜失败的周恩来定下学习计划：每天读书 13 个半小时，休息和办其他事 3 个小时，睡眠 7 小时。从那一刻起，或是在公园或是在郊外，恩来专心致志地读书，全力以赴备战 7 月份的考试。他知道，那将是自己的背水一战。但是客观的现实却不以他的意志为转移，与朋友的交往他不便回绝，朋友托他写的稿子不便推辞，诸如此类的事，忙不胜忙，日子一天天浑然不觉地过去了。

同年 4 月，严修、张伯苓联袂访日，师生见面激动不已。恩来陪两位先生逛上野、游京都，心中有许多要问的事，有许多要说的

话。他从两位先生处了解到南开的现状，也坦言告之自己报考"高师"的失利，但却没有谈及自己的苦恼与迷惘，更隐瞒了经济上的拮据。7月，在第一高等学校的考试中，恩来由于日文成绩不好，再次落榜。

高考的失利，使周恩来心中充满了沮丧和懊恼。他曾消沉，也曾徘徊，但那只不过是很短的时间。家中的变故，使他产生了思报春晖的愿望；高考落榜使他开始另谋报国的出路；民族的危亡，则更加坚定了他救国的信念。当陈独秀创办的《新青年》传播的新思想、新思潮似警钟在他耳畔敲响时，周恩来的面前已是豁然开朗；当河上肇创办的《社会问题研究》传播的马克思主义理论似指路明灯般在他眼前照亮时，周恩来已然看到新的光明。正如他在《雨中岚山》中所写："潇潇雨，雾蒙浓，一线阳光穿云出，愈见姣妍。人间的万象真理，愈求愈模糊——模糊中偶然见着一点光明，真愈觉姣妍。"只有知道恩来在日本那段寻觅、探索的旅程，才能理解这些诗句中凝聚的全部情感；只有知道恩来思想上经历过的艰难和曲折，才能体会到他获得真理后的喜悦和欢欣。"人间的万象真理"仿佛是"愈求愈模糊"，就在这种"潇潇雨，雾蒙浓"的艰难时刻，"模糊中偶然见着一点光明"，马克思主义的真理犹如"一线阳光穿云出"，已在周恩来的面前燃起了新的希望！

觉悟之声

告别了东瀛岛国日本，周恩来重新回到祖国的怀抱，一切都是那样的熟悉、亲切。此时 21 岁的周恩来，决定回到自己的母校——南开学校，进刚刚创办的大学部读书。

1919 年 5 月 4 日，声势浩大的五四运动在北京爆发。一时间，全国上下群情鼎沸，许多大、中城市相继开展罢课、罢市、罢工活动。天津紧邻北京，响应十分迅速。大批学生不顾保安队的阻挠、威胁，在南开学校大操场集会，然后走上街头讲演，散发传单。随后，天津学生联合会、天津女界爱国同志会相继成立。周恩来这时还没有入学，只是校友的身份，但对这样一场轰轰烈烈的爱国学生运动，他难以置身事外。他在出席南开学校"敬业乐群会"的茶话会上，受到学运领袖、回族学友马骏，国文系助理主任马千里等人的热烈欢迎。在那段极不平静的日子里，他天天去南开学校，利用各种场合，各种机会，了解、关注五四运动的发展情况。

6 月 3 日后，五四运动进入一个新的阶段，工人阶级走到了运动的前列。为了将运动坚持下去并引向深入，学联决定创办《天津学生联合会报》。在确定《会报》的主编人选时，大家几乎没有异议，一致认为周恩来最为理想。周恩来虽然还没有入学，但他在南开学校曾先后主办《敬业》和《校风》，他的才能为许多人所熟悉。《会报》作为天津学生联合会的机关报，肩负着指导学生运动的重大使命，必须

■ 在南开学校大学部读书的周恩来

尽快出版。但要在短时间内创办一份高质量的报纸，谈何容易！但周恩来有丰富的创办报刊的经验，他充分施展了自己的才智。

为了投入全部精力办好报纸，周恩来从天津的伯母家搬进南开学校，又找来以前的南开同学潘世纶作为自己的助手。因为缺少经费，一切只得从简，从搜集新闻到撰写文章，从编排、划版到校对，甚至卖报，都由周恩来亲自主持。他不辞辛苦，不怕麻烦，踏踏实实，埋头苦干，甘当无名英雄。晚上他常常加班，往往从深夜干到清晨，饿了就吃个烧饼、烧山芋，从来没有下过饭馆。辛勤的劳动终于换来了成功的喜悦。7 月 21 日，散发着油墨香味的《天津学生联合会报》创刊号终于和读者见面了。其中，最引人注目的是周恩来起草的社论《革新，革心》。在这篇社论中，他提出“革新”就是改造中国，改造社会，“革心”就是革除人们思想上的一切旧的传统观念和影响。寥寥数语，道出人们压抑在心中许久的心声。学生领袖马骏手扬《会报》对天津学联的骨干说：“看，看！这篇社论真带劲哪，这比我们站在几千人面前大喊一阵，可有用得多咧！”《天津学生联合会报》内容丰富，言论精辟，除学生外，各界人士争相购买、传阅。《会报》起初是三日刊，很快改为一大张对折的日报。发行量也相当大，创刊之时，印数就达 2 万多份。除在天津销售外，还远销北京、上海、南京等地。当时在天津颇有影响的《少年世界》直率地评价道：“天津学生办的报有点价值的自然要算这报了。”

同年 8 月，山东戒严司令马良采取屠杀政策，杀害了当地回教救国会会长马云亭等三位领导人。惨案发生后，北京和天津的学生代表 25 人，到北京北洋政府的总统府门前请愿，抗议山东惨案，要求惩办马良。但北洋政府却出动军警，将代表全部逮捕。消息传到天津，各校代表异常愤慨。周恩来沉着冷静地说：“这正是掀起继续加强爱国运动的时机，用不着惊慌紧张，依照计划进行就是了。被捕，只要经得起考验，不算什么。但营救他们是我们的责任。”随后，《会报》及时出版号外，向社会呼吁：“同胞们！京津的请愿代表都被捕了，我们要群起反对，要营救被捕的代表！”天津沸腾

了，群众愤怒声讨卖国政府，纷纷要求参加赴京请愿的斗争。8 月 26 日，京津学生 2 000 多人推马骏为总指挥，在北京包围总统府、国会和国务院，斗争坚持了三天。北洋政府调集数千名全副武装的军、警、保安队，用木棍和枪托毒打、驱赶爱国学生，强行逮捕马骏等学生代表。消息传到天津，再次掀起巨澜。周恩来闻讯后，立即和张若名等代表率五六百人奔赴北京，营救被捕代表。他们连日在总统府外露宿请愿，并动员几千学生，包围了警察厅。在全国各地的纷纷声援下，30 日，两次被捕的代表终于得到释放。

1919 年 9 月 16 日，在中国爱国运动史上是一个值得纪念的日子。在天津草厂庵天津学生联合会的一间办公室里，10 名男学生和 10 名女学生坐在会议桌旁，举行一次重要的会议。他们中有周恩来、马骏、郭隆真、刘清扬、张若名、邓颖超、李毅韬、谌志笃、谌小岑、潘世纶……个个都有着不一般的经历。有在天安门前指挥请愿斗争的英雄，有断指写血书的勇士，有在大街小巷慷慨陈词的演说家……会议由周恩来主持，他激动地说："大家所殷切盼望的我们共同的团体，今天就要诞生了！""我们今天到会的人，都是受了 20 世纪新思潮的启发，觉悟到中国社会要从根本上解决，也就是要把那不合现代进化的军国主义、资产阶级、党阀、官僚、男女不平

■ 觉悟社部分成员合影。前排右三为邓颖超，后排右一为周恩来

等界限、顽固思想、旧道德、旧伦常等，全部加以铲除、改革。为了达到这个目的，我们要结成团体，出版刊物，以求改造学生的思想，进而唤起劳动民众的觉悟，来共求社会的改造……”会上，周恩来提出了预先征询过大家意见的关于出版小册子的方案。大家对此进行了热烈的讨论，决定将小册子定名为《觉悟》，并决定该团体为觉悟社。至此，在五四运动中与新民学会齐名的觉悟社宣告成立。

觉悟社成立不久，很快引起人们的注意。当时北京《晨报》把觉悟社称作“天津的小明星”，并且写道：“该社产生了三个月，会员是天津学界中最优秀、纯洁、奋斗、觉悟的青年。”“他们抱了时时觉悟、刻刻觉悟的决心，所以叫做觉悟社。”1920 年 1 月 20 日，周恩来主编的《觉悟》杂志创刊号终于和期盼已久的读者见面了。创刊号发表了周恩来撰写的《觉悟》、《觉悟宣言》和《有什么分别》等三篇文章。文章在明确提出反帝反封建主张的同时，号召人们以新的觉悟去冲击旧的思想、旧的道德、旧的观念。《觉悟》是觉悟社的喉舌，为它的问世，周恩来倾注了大量的心血。第二期由于不久后周恩来被捕入狱，未能编成付印。但是，在当时凄风阵阵、苦雨绵绵的逆流之中，它犹如一剪寒梅在枝头悄悄绽放。

从“大江歌罢掉头东”的东渡扶桑，到“雨中二次游岚山”的话别日本，周恩来重见海河，再进南开。作为大学部的一名新生，他迎来的是五四运动的洪流，他毫不犹豫地投身于洪流之中。大鸾翔宇的翅膀下，已不再是当年东北的冰雪和日本的海浪。他重新起飞，再次振翅，决心以奋斗与牺牲，推翻旧中国的恶势力，开创新天地。在觉悟社，他经历了一个职业革命家最初的洗礼。

狱中斗争

1919年的五四运动犹如一场风暴席卷全国各地，反帝爱国浪潮以锐不可当之势汹涌推进。针对日本军国主义的无理要求及野蛮行径，一场抵制日货、焚烧日货的运动愈演愈烈。

12月20日，在南开操场召开了10余万人参加的国民大会，当场焚烧了在街市检查所得的10多卡车日货。一时间广场上烈焰飞腾，火光冲天，堆积如山的日货全部付之一炬。随后，数万民众举行了浩浩荡荡的示威游行，并高呼："救亡！爱国！牺牲！猛进！"等口号。天津警察厅长杨以德，下决心对爱国运动进行严厉的镇压。1920年1月23日，学联调查员在魁发成洋货庄检查日货，遭到闯入的三个日本浪人的毒打。各界代表向省公署请愿时，军警不但不惩办奸商，反而殴打学生，并逮捕各界代表马骏、马千里等20人。之后，警察厅下令将天津各界联合会、学生联合会等办事机构一律查封，并张贴告示宣布以上机构为非法组织，今后如有私行集会、结社及"扰害煽动"者，一律依法究惩。面对险恶的局势，民众的反抗并未停息。1月29日，各校学生五六千人，以周恩来为总指挥，直奔省公署请愿。众人公推周恩来、郭隆真、于方舟、张若名四人为代表前往交涉。面对省公署副官，周恩来义正词严地说道："我们是天津市学生代表，要面见省长，陈述我们的主张。"然而，毫无人性的反动当局，命令手持刀枪、棍棒、水龙头的军警对手无寸铁的学生进行血腥的镇压，致使50余人身受重伤。周恩来等四位代表当场被捕。这就是天津历史上有名的“一·二九”血案。

这是周恩来第一次遭受反动当局逮捕。被捕后，他们先被关在营务处。这是反动当局关押死刑犯人的地方，环境极差。经各界人士反复抗议、交涉，2月初，才转入警察厅，与先前被捕的同志关在一起。对这些被捕的志士，反动政府采取拖延办法，既不审讯，也不释放，更不准彼此往来。面对狡猾阴险的敌人，周恩来决心带领大家展开狱中斗争。一天，狱方集合“训话”后，“犯人”分散回去时，一张张纸条在他们手中传递着。上面写道：“质问警厅既不审问，又不释放，是何道理？”第二天，当警察厅长杨以德到各个监房巡查时，“犯人”们都厉声质问：“你们抓人根据哪条规定？为什么不释放也不公开审判？”杨以德理屈词穷，狼狈不堪。此时，周恩来正在监房埋头写作《警厅拘留记》。杨以德看见了，凑到跟前刚想发问，谁知周恩来早有准备，没等他开口，先把一张写好的字条递给他。杨以德根本不识字，却装模作样地打开字条看着，嘴里说：“很好，很好，我回去考虑。”待他回去后找秘书一念，方知字条的内容和其他犯人质问的问题一样，顿时暴跳如雷。

一次，狡猾的敌人突然把被捕的代表依次找去，发给每人一份答卷，妄图从试题中“套”出学生运动的内部情况。针对敌人的阴谋，周恩来立即通知大家，一律回答：“不知道。”一转眼，两个月过去了，敌人依然在拖延。4月2日，周恩来和难友们经过秘密联络，决定发动绝食斗争以抗议警厅的拖延审理。他们分别向警厅宣告：被拘70多天，没有受到正式审判，这是违背民国约法和新刑律的规定的。因此，限警厅在三日内举行公审，否则就全体绝食。代表们绝食的消息越过牢狱的高墙，很快在社会上传开，顿时舆论哗然，民心忿忿。天津学联代表谌志笃、邓颖超等24人，背着行李来到警厅，要求替换绝食的代表。面对这种从未见过的场面，杨以德方寸大乱。慑于广大群众的声威，4月7日，警厅被迫将被捕代表

移送地方检察厅。

移送检察厅后，拘留条件有所改善。经过代表们的斗争，除两名女代表外，大家可以同住一处，自由往来，阅读书报。他们每天早晨做体操，每晚举行全体会议，并推举周恩来、马千里、于方舟主办读书团，带领大家研究社会问题。又议定每星期一、三、五开演讲会，介绍各种新思潮。就这样，一种特殊条件下的学习活动开始了。在狱中，周恩来系统地给大家介绍了马克思主义学说，内容有：历史上经济组织的变迁、马克思传记、唯物史观的总论和阶级竞争史、经济论中的剩余价值学说、《资本论》和资本集中说。长期的拘押，难免使个别人产生低沉的情绪。周恩来为了增强大家斗争胜利的信心，以他聪明的才干发动大家开展各种各样的文娱体育活动，使大家一直保持旺盛的斗志。

在监狱的高墙之外，觉悟社的其他社员们一刻也没有停止营救被捕代表的工作。他们一面广泛宣传，发动群众和各阶层爱国人士，通过社会舆论向反动当局施加压力；一面又聘请了著名爱国律师刘崇佑先生来为被捕代表辩护，进行合法斗争。7 月 6 日，检察官对周恩来等人提起公诉。一连三天，觉悟社的社员们一齐出动，到法庭上声援被捕代表。天津市的爱国学生和爱国民众纷纷到庭旁听。不仅法庭上的旁听席坐得满满的，就连过道、窗台上以及门外、院里都挤满了人。在法庭上，刘崇佑律师进行了有力的辩护。周恩来也当庭进行答辩。他质问道："检察官说学生请愿是合法的，又依据刑法第 164 条起诉，这不是自相矛盾吗？去年各省代表多次向总统请愿，也未听说给予刑事处分。以总统之尊严，尚且不加处分，怎么天津一地的行政长官竟敢如此？当局派军警用刀枪棍棒打散请愿学生，造成流血惨案，又是哪条法律有此种规定？既不审讯，又不释放，无理拘留各界请愿代表达半年之久，又依据法律的哪一条？"这一连串的质问，像连珠炮一样打得法官招架不住。法官恼羞成怒地喝道："究竟是你审问我，还是我审问你？"周恩来的答辩条理清晰，论据有力，旁听的群众时而以热烈的掌声为之声援，时而以快意的大笑为之喝彩，时而发出阵阵嘘声对反动当局表示讽刺。法官们如坐针毡，狼狈不堪，只得草草收场。

7 月 17 日，是开庭宣判的日子。这一天前来为被捕代表声援助威的人，将法庭围得水泄不通。抬眼法庭，法官手持“判决书”故作姿态，强装镇定。显然，当局深感众怒难犯，打算释放被捕代表。但他们还死要面子，不肯承认自己做下的错事，强行把捏造的罪名加在各个代表的身上，判定若干日的拘禁，而这判定的日期恰恰和他们已被拘禁的日数相等。于是法官宣布期满释放。“代表们胜利啦！”顿时法庭内外一片欢呼，人们将坚贞不屈的代表们团团围住，争相握手祝贺。并将镌刻着“为国牺牲”的纪念章，佩戴在每位代表的胸前。在人们的夹道欢呼声中，代表们脸带胜利的微笑走出了法庭。

在警厅拘留期间，周恩来亲笔撰写了记载代表们在狱中坚持

■ 出狱后全体被捕代表的合影。第四排右二为周恩来

斗争情形的《警厅拘留记》。这一珍贵手稿曾一度失落民间，解放后有关部门几经辗转才得以购回。然而，周恩来与邓颖超却多次指示：“……此稿毫无保留意义，最好不必花钱去买，更无放入革命历史博物馆的道理。”直到周恩来去世后，经有关人员索要，邓颖超才将它交出，并协商好由博物馆保存，但不要展出。周恩来一生从不图名取利，更不准他人宣传自己。然而，历史终究是历史。这件珍贵的文稿，真实而又详尽地记录下了周恩来和难友们 172 天在狱中同敌人坚贞不屈的斗争经历。

旅欧岁月

五四运动前后，许多中国青年目睹了中国社会的腐败黑暗，纷纷前往欧洲勤工俭学，探索救国救民的真理。1920 年 11 月 7 日，周恩来从上海乘坐法国波尔多号邮船前往法国。在巴黎公社的诞生地，在《国际歌》的故乡，大鸾翔宇点燃了信仰的圣火，作出了他一生中最重要的选择。

对于西方国家的富强，一些中国先进分子长期以来把它看作中国仿效的榜样。第一次世界大战后，欧洲国家社会危机的广泛爆发，不能不使更多的人觉得这条旧路子难以再走下去，需要改弦易辙，代之以一种新的更加合理的社会制度。面对欧洲正流行着多得令人眼花缭乱的各种"社会主义"思潮，究竟哪一种学说才是科学的，才是能够正确地指引中华民族获得新生的道路？年轻的周恩来正在严肃地思考着。

带着对西方社会审慎的渴求，周恩来来到英国。当时英国是世界上资本主义最发达的国家。周恩来把伦敦看作"世界之缩影"。这里的实际情况，正是他最需要通过亲身考察来了解的。就在周恩来到达伦敦前两个多月，英国煤矿工人举行了声势浩大的同盟罢工。这次罢工风潮一直延续下来，成为英国各界注目的突出社会问题。周恩来对这次罢工风潮进行了认真、全面的考察，先后写出《英国矿工罢工风潮之始末》、《英国矿工罢工风潮之影响》

等几篇通讯。虽然在英国只呆了五个星期，但却使周恩来对英国社会实质有了较深刻的了解和认识。当时，英国的生活费用在欧洲是最高的，比巴黎的生活费用高出一倍多。此外，在英国的中国学生只有200人，而留法的勤工俭学学生在2 000人以上，于是，周恩来决定回到法国。

回到法国后的周恩来，这时在经济上不太吃紧。他在学习法文之余，常常进行社会调查，晚上通宵达旦地给《益世报》撰写通讯，有时翻译一些稿子，能够赚一些稿费。严修按期给他寄钱，使周恩来维持生活和求学的费用有了着落。周恩来对学习和工作非常认真，一丝不苟。平时出门，近距离的总是步行。他行动敏捷，走路很快。远距离的，乘地铁，常把皮包放在膝盖上，利用这个时间来写信或读书。

在法国期间，周恩来从事了三起大的政治活动。

一是及时报道“二二八”事件。1921年2月28日，在蔡和森、向警予等人领导下，400多名中国勤工俭学学生前往中国驻法公使馆请愿，要求解决求学和发放救济金的问题。驻法公使馆不但不答应学生要求，反而勾结法国当局驱赶学生，致使四名学生被捕，一名学生为躲避法警毒打，被电车轧死。周恩来闻知此事，作了详尽的了解，写出了长达4万多字的长篇报告《留法勤工俭学学生之大波澜》，陆续在《益世报》上发表。在报道“二二八”事件的过程中，周恩来与蔡和森、向警予、赵世炎、李立三等人有了密切的交往。

二是参加并报道拒款运动。1921年6月，北洋政府为了扩大内战，以出卖国家主权和经济资源为担保，同法国政府谈判借款和购买军火事宜。消息一经披露，周恩来立即联络旅法各华人团体，组成了拒款委员会，展开了声势浩大的反对中法秘密大借款的斗争。同时，呼吁海外及国内爱国同胞一致反对。各地华人纷纷行动起来，法国舆论界也抨击本国政府，支持华人。一时间，国内外反对借款浪潮此起彼伏。经过近两个月的斗争，这场运动终于取得了胜利。周恩来在参加整个运动的同时，及时报道了运动的全部过程。他写的《中法大借款案之近讯》，将斗争的始末向国内作了报道。

三是参加占领里昂大学的斗争。里昂大学是华法教育会为中国留学生建的一所大学，其经费来源是以解决学生求学与生活的名义从国内募捐而得，以及法国“退回”的“庚子赔款”。预计 1921 年 9 月建成。是年夏天，里昂大学校长吴稚晖却宣布：勤工俭学学生程度太低，拟另在国内招生。而中国驻法公使馆也决定从 9 月 15 日起停发学生们的生活维持费。于是，周恩来、赵世炎、蔡和森等连日开会，决定发动勤工俭学学生赶在国内学生到达之前占领里昂大学。9 月 20 日晚，蔡和森、赵世炎、陈毅等率领 100 多人组成入校“先发队”，从巴黎、圣日耳曼、蒙达尼等地赶往里昂。周恩来、王若飞、李维汉等人留在巴黎，负责联络，争取声援，同时向公使馆交涉。次日早晨，“先发队”到达里昂大学，然而校方早有准备，所有教室、宿舍都上了锁。校方还要求里昂市长以“逮捕匪类”的名义派警察镇压。22 日下午，大批法国警察将入校学生强行押入兵营。周恩来等人闻讯后，四处奔走，设法营救，但交涉终没有成功。中法当局以“过激党”、“在法国宣传共产主义”等罪名，将蔡和森、李立三、陈毅等 104 名学生代表强行遣送回国。只有赵世炎在同志们的帮助下得以逃脱。周恩来并未因这次斗争的失败而气馁，他继续在法国考察社会，关注时事发展。

在周恩来的全部活动中，他始终将“研究主义”放在第一位。战后的法国，社会矛盾尖锐，共产主义运动日趋高涨，马克思主义的书籍和报刊在法国十分流行，很容易得到。他如饥似渴地阅读着《共产党宣言》、《国家与革命》等马克思主义的经典著作，经过反复的学习和思索，周恩来终于作出自己一生中最重要的抉择，确立了共产主义的信念。1921 年，经张申府、刘清扬介绍，周恩来加入了中国共产党。从此，他把自己的全部精力和才能毫无保留地献给了共产主义事业，直到生命的最后一刻。他在给觉悟社社友的

■ 周恩来在巴黎的工作地门前留影

信中这样写道:“我认的主义一定是不变了,并且很坚决地要为他宣传奔走。”

1922 年 6 月,在巴黎西郊秀丽的布伦森林,旅欧青年中的共产主义组织诞生了。赵世炎、周恩来、李维汉等 18 位代表围坐在空地上。会议由赵世炎主持,周恩来报告组织章程草案并提议组织的名称叫共产主义青年团。大会最后采纳了多数人的主张,定名为旅欧中国少年共产党。会议经过三天讨论,选举赵世炎为书记,周恩来任宣传委员。此外,还决定出版机关刊物《少年》。同年 8 月,《少年》创刊(后改为《赤光》)。周恩来先后发表了《共产主义与中国》、《十月革命》等文章,热情宣传马克思主义,批判各种非马克思主义思潮,论理透彻,笔锋犀利,受到勤工俭学学生们的欢迎。与此同时,周恩来致力于发展新党员的工作。朱德、孙炳文便是在周恩来、张申府的介绍下加入中国共产党的。

■ 旅欧支部 1924 年在法国巴黎的合影。前排左四为周恩来

1923年2月17日至20日，旅欧中国少年共产党在巴黎举行临时代表大会，决定将旅欧少年中国共产党改为中国共产主义青年团（中国社会主义青年团旅欧支部），周恩来被选为执行委员会书记。同年夏天，他搬到赵世炎曾住过的房间，在这间只有5平方米狭小而又简陋的房间里，周恩来孜孜不倦地工作着。

1924年，随着国共两党的真诚合作，国内国民革命的形势迅猛发展，急需大批优秀的人才。周恩来在欧洲卓有成效的工作，引起了党的注意。1924年夏，党中央调周恩来回国工作。

欧洲，周恩来在那里度过了他从22岁到26岁将近四年的岁月。四年中，在他身上发生了巨大而深刻的变化。他前往欧洲时，还是一个正在追求革命真理的青年学生，而当他走上归国征途时，已是一个对马克思主义有相当研究的共产党人，一个走向成熟的职业革命家。

再见了，欧洲！

政治部主任

1924 年 9 月，周恩来从法国回到国内。到达广州的时候，第一次国共合作正在兴起。在这里，周恩来开始了他的军事生涯，为创建中国现代革命军队发挥了重要作用。毛泽东曾说："那时，军队设立了党代表和政治部，这种制度是中国历史上没有过的，靠了这种制度，使军队一新其面貌。"

26 岁的周恩来，当时在党内的职务是中共广东区委委员长。与此同时，还担任刚刚创办的黄埔军校的政治部主任。黄埔军校的校长是蒋介石，党代表是廖仲恺。

周恩来在黄埔军校的工作是从头开始的。他首先建立起政治部的正常工作秩序和工作制度，指导新成立的军校教导团的政治工作，并主持建立了中国青年军人联合会。同时加强对军校学生的政治教育：一是为什么要革命？是为了打倒帝国主义、军阀和贪官污吏。二是军民关系，要救国卫民，严守纪律。在给学生上政治课时，他先讲个概要，紧接着让学生们提问题。一般情况，他尽量当场作出详细解答。不能当场解答的问题，他认真记下，相约下次解答。周恩来讲课深入浅出，易懂易学，同学们非常喜欢听，称他是最好的老师。周恩来经常深入教导团中，和他们一起操练、学习。教导团中的许多军人对周恩来非常感激，他们说："学校把我们教育成军人，而周主任则把我们教育成革命军人。"正是经过周恩

■ 担任黄埔军校政治部主任时的周恩来

来的努力工作和精心整顿，黄埔军校政治部的工作很快出现崭新的气象。

在军校期间，周恩来十分重视组建革命的军队，并开始摸索创建革命军队的办法。他在担任政治部主任不久，便同广东区委的同志商讨建立由中共自己领导军队的问题。在征得孙中山同意后，组建了“建国陆海军大元帅铁甲车队”。这支铁甲车队是以后叶挺独立团的前身，是第一支由中国共产党人掌握的武装力量，而这支武装队伍的建立和发展浸透了周恩来的心血。

1925 年，孙中山在北上途中病倒，广东革命政权内部比较混乱。曾被赶出广州，盘踞东江的陈炯明认为时机成熟，依靠英帝国主义势力，勾结军阀伺机反扑。为保卫革命胜利果实，广东革命政府决定趁陈炯明尚未举兵前，主动出击，东征讨陈。

东征中，号称实力雄厚的杨希闵、刘震寰部按兵不动。而被人轻视的黄埔军校组成的校军却同粤军一起，以破竹之势，先攻淡水，再克海丰，相继攻占陈炯明在东江的主要据点——潮州、汕头。随后，东征军调集兵力击退林虎部。经过又一次反复，林虎部败逃兴宁。东征军乘胜追击，先攻五华，再取兴宁。林虎部溃逃江西。至此，第一次东征胜利结束。东征中，周恩来领导的政治工作发挥了重要作用。东征军每到一地，周恩来总是派出宣传队先向民众宣传革命军东征的目的和意义。使得当地百姓自愿走出家门，帮助运输，做向导，报告敌情。作战时，当地群众高举红旗，吹海螺助威，极大地鼓舞了士气，动摇了敌人的军心。作战时，共产党员在一系列战斗中发挥了突出作用，他们斗志旺盛，奋勇向前，不怕牺牲。战斗期间，传来孙中山逝世的消息。周恩来悲痛之际，借此机会号召黄埔官兵拿出勇气来，一定要完成孙中山统一广东的遗愿。周恩来卓有成效的政治工作，为第一次东征的胜利奠定了基础。

就在东征军在东江尚未站稳脚跟时，盘踞在广州的杨希闵、刘震寰利用广州空虚之机，密谋发动武装叛乱，妄图推翻广东革命政府。留守广州的廖仲恺焦急万分。他急令东征军主力火速回师广

■ 1925年3月东征军在广东兴宁举行追悼孙中山大会。手持祭文者为周恩来

州，平定杨、刘叛乱。6月12日，东征军即刻回师，迅速向广州市区的杨、刘军队发动猛攻。在铁甲车队和广东工农群众的大力协助下，经过殊死的战斗，杨、刘滇桂军被革命军全部缴械。一场叛乱就这样被迅速削平，广州局势转危为安。

正当东征军从东江回师过程中，上海发生了震惊中外的“五卅惨案”。消息传出后，激起中华民族极大愤慨，一场大规模的反帝运动席卷全国各地。6月23日，广州群众和香港罢工工人七八万人举行反英示威游行，周恩来亲自率领军队和军校学生军2 000余人参加游行。当游行队伍经过沙面租界对河的沙基时，驻在沙面的英军突然用步枪向手无寸铁的游行群众射击，接着又用机枪扫射。周恩来身旁同他并排前进的两个人不幸中弹身亡，这是周恩来一生中第一次遇到险情。当场死亡有50余人，受伤的100余人。这便是著名的“沙基惨案”。“沙基惨案”发生的第二天，黄埔军校全体官兵通电全国军人：“我军界同胞，非以保国卫民为己任吗？现在国危矣！民族将亡矣！我军界同胞卫国保民之时机至矣！望我全国军人同胞，即时兴起，与日英法美葡各帝国主义者决一死战，以尽我军人之天职。”

东征军回师广州后，不甘失败的陈炯明迅速纠集旧部重新卷土东江，原已归附广东革命政府的刘志陆、杨坤如等也相继叛变，联络在南路的陈炯明旧部邓本殷准备会攻广州，对革命政府造成严重威胁。9 月 21 日，国民政府决定第二次东征，彻底消灭陈炯明。

此次东征，国民革命军第一、二、三军和四军一部分共 3 万多人，分为三个纵队向东推进。东征军设立总政治部，由第一军政治部主任周恩来兼任总政治部主任，全权负责前方政治工作。第二次东征比起第一次东征来，客观条件要有利得多。由于第一次东征中革命军纪律严明，深得东江人民欢迎，此次东征，广大人民积极支持。再者陈炯明部经过第一次东征的沉重打击后，战斗力和士气都大不如前。这确是统一广东的大好时机。此时，周恩来结合第一次东征的经验，从军队中抽调了几十名共产党员到总政治部工作，还组织了 160 多人的政治宣传队，开展军内及对民众和敌人的宣传工作。他还亲自指导了制定战时政治宣传大纲，提出肃清东江残敌，统一广东，打倒陈炯明，拯救东江人民，废除苛捐杂税，不拉夫，不筹饷，恢复农民协会，组织农民自卫军等口号。10 月 1 日，东征军第一军第一师召开第二次东征誓师大会。6 日，周恩来结束了在黄埔军校的工作，毅然踏上第二次东征的征途。

第二次东征中，具有决定意义的一仗是惠州之役。惠州的东、北、西三面环水，南面又有飞鹅岭作为屏障，城墙坚固，易守难攻。驻守在这里的叛军，凭险固守。东征军 13 日发起总攻，战事持续 30 个小时，十分激烈，以共产党员和共青团员为骨干的敢死队，在炮火掩护下强行登城，在 14 日傍晚，终于攻克惠州。10 月 17 日，周恩来和第一师师长何应钦率部从惠州出发，直抵赤石。陈炯明军洪兆麟部 2 000 余人在海丰东都岭、宋公岭一带布防。周恩来同何应钦制定了进攻计划。22 日，东征军攻占海丰，次日占领公平。11 月 4 日，何应钦率第一军两个师向潮州进发，周恩来率政治部人

员进入汕头，欢迎者达数万人。随后，东征军在福建永定全歼逃敌刘志陆部。第二次东征至此胜利结束。接着，在李济深指挥下，南征军于 12 月下旬肃清雷州半岛之敌，第二年收复海南岛，全歼邓本殷部。统一广东的战争胜利结束。

身为政治部主任的周恩来，无论在黄埔军校中还是在东征军中，都以卓越的才能，有效地开展广泛的政治宣传工作。在提高军校学生和士兵觉悟的同时，提高了部队的战斗力。为巩固广东革命根据地及统一广东做出重要贡献，更为日后开展人民军队的政治工作积累了经验。

功在第一枪

“投笔即从戎，请缨危难中。功在第一枪，首义战旗红。无私功自高，不矜威自重。铁血开大道，军旗傲长空。”军旗可以作证，当“八一”南昌起义的枪声响彻云霄之时，周恩来的名字永远铭刻在高高飘扬的“八一”军旗上。这第一枪，是中国共产党武装反抗国民党反动派的开始；这第一枪，是中国共产党独立创建并领导武装的开始；这第一枪，为中国人民解放军创建了一个光荣而辉煌的节日。

1927 年，继蒋介石在上海发动“四一二”反革命政变之后，汪精卫于 7 月 15 日在武汉公开叛变革命，大批共产党人和革命群众惨遭血腥的屠杀，大江南北血流成河。轰轰烈烈的大革命失败了。血的教训，使中国共产党深刻认识到，在半封建半殖民地的中国，必须进行革命的武装斗争。7 月中下旬，中国共产党召开临时会议，决定以武装斗争来反对国民党反动派的屠杀政策，以国民党革命委员会名义在南昌举行武装起义。29 岁的周恩来临危受命，担任中共前敌委员会书记。当时，中国共产党所能掌握或影响的军队，以贺龙率领的国民革命军第二十军、叶挺率领的第十一军第二十四师和朱德领导的第三军军官教导团为基础。

7 月 27 日，周恩来秘密来到南昌，住在朱德的寓所。老友相见，分外高兴。他们不由得想起了 5 年前德国柏林的初次相见。在那里，周恩来吸收了朱德加入共产党。陈独秀拒绝了朱德，周恩

来接受了他。中国革命险些就在这一个历史关键情节上，造成了巨大的遗憾。正是由于周恩来的远见卓识和军事敏感，在异国他乡，为年幼的中国共产党物色了一位日后在中国革命军事史上统帅三军、叱咤风云的总司令。离别5年，在决定中国革命命运的前夕重逢，周恩来与朱德兴奋异常，彻夜长谈。朱德摊开南昌市区地图，向周恩来详细介绍敌军在南昌的兵力部署情况，周恩来认真地听着、思索着……

周恩来到达南昌的当天，根据中央决定，由周恩来、李立三、恽代英、彭湃4人组成了前敌委员会，决定在7月30日晚举行武装起义。第二天，周恩来来到二十军指挥部看望贺龙。这是两人第一次见面，但却是一见如故。周恩来将起义计划郑重地告诉了贺龙，诚恳地征求他的意见。贺龙毫不迟疑地回答："我完全听共产党的话，要我怎样干就怎样干。"

正当起义各项准备工作秘密进行的时候，张国焘从武汉赶到了九江，并以"中央代表"的身份，接连给前敌委员会发来两封密电，说什么暴动宜慎重，无论如何要等他到南昌后再作决定。周恩来同前委其他成员商议后果断地决定：暴动决不能停止，继续进行一切准备工作。30日早晨，张国焘到了南昌，前委立即召开紧急会议。会场的气氛很严肃，张国焘以种种借口阻挠起义，他提出：起义如果有成功的把握，可以举行，否则不可动；应该征得张发奎的同意，否则不可动。周恩来和前委的同志听完张国焘的讲话，非常气愤，一致表示起义不能推迟，更不能停止。张发奎已受汪精卫之包围，也决不会同意我们的计划。我们党应该站在独立领导的地位上，决不能依赖张发奎。张国焘见受到如此强烈的反对，就说这是国际代表的意见。平时对人一向很温和的周恩来再也忍不住了，他猛拍了一下桌子，激动地站了起来，大声说道："国际代表及中央给我的任务是叫我来主持这个运动，现在给你的命令又如此，我不能负责了，我即刻回汉口去吧！"20多年后，他对人说道："拍桌子这个举动，是我平生仅有的一次。"激烈的争论持续了几个小时，因为张国焘是中央代表，不能用多数来决定，问题没有得到解决。前委成员谭平山十分气愤，主张把张国焘绑起来。周恩来制止了，说："张国焘是党中央的代表，怎么能绑呢？"31日早晨，再次开会，经过几个小时的辩论，得知张发奎已参加反共阴谋后，张国焘屈服了，表示服从多数。于是，决定在8月1日凌晨举行起义。

31日下午，起义的准备进入最后阶段。起义部队以军、师为单位召开团以上干部会议。周恩来、贺龙、叶挺等分别在会上传达党中央和前委的决定，宣布起义的命令，并给各团、营明确了战斗任务和有关规定。此时的起义军官兵摩拳擦掌，群情振奋，紧张而激动地等待着那伟大时刻的到来。傍晚，根据总指挥部的部署，主要街道放了起义军的岗哨。起义部队的口令是："山河统一。"起义战士左臂缠上白毛巾作标记，手电、马灯贴上红十字的记号。起义部队悄悄地埋伏到自己部队所要消灭敌军的周围，等待着起义信号。就在这时，发生了一件意外情况：第二十军第一团一个姓赵的副营长跑到敌人指挥部告密。这个军的一个士兵发现后，立刻向贺龙报告。面对这一突发情况，周恩来很镇定，他和大家商议后当机立断，将武装起义的时间从原定的凌晨4时提前到凌晨2时。

行动开始了！8月1日凌晨2时，一声枪响划破了长夜的寂静。周恩来、贺龙、叶挺、朱德、刘伯承等领导中国共产党掌握和影响下的国民革命军2万余人，在南昌举行的武装起义爆发了！起义官兵如同猛虎下山，箭一般地冲向敌营，全城内外立时响起了激烈的枪声。子弹呼啸，杀声震天。周恩来和叶挺在天主教堂附近的女子学校里，亲自指挥起义军与敌激战，终于迫使敌人缴械。经过数小时的战斗，到清晨6时，城内的敌军全部被肃清，共歼敌3 000余人，缴枪5 000多支，子弹70多万发，还有大炮数门。南昌城内，战旗飘扬，大街小巷贴满了起义军及党政团体的布告和红绿标语。颈系红领带的战士们面带胜利的自豪和喜悦，英姿勃勃地列队行进。南昌的市民欢欣鼓舞，奔走相告。中国共产党武装斗争的第一声枪响，就这样永远地记录在历史的天幕上。

■ 八一南昌起义总部旧址

8月1日上午9时，在原江西省政府召开有共产党人和国民党左派人士参加的联席会议上，周恩来当选为中国国民党革命委员会委员，并被任命为参谋团委员。周恩来对起义部队进行初步整编，决定仍沿用国民革命军第二方面军番号，下辖3个军。8月2日，革命委员会任命刘伯承为参谋团参谋长，郭沫若为总政治部主任，贺龙为第二方面军代总指挥兼第二十军军长，叶挺代前敌总指挥兼代第十一军军长，朱德为第九军副军长。同一天，聂荣臻、周士第率领在马回岭起义的第四军二十五师两个团3 000人赶到南昌。

南昌起义的成功，引起了敌人极大的恐慌。蒋介石、汪精卫从南京、武汉和广州方面调集了大批军队，联合围攻南昌。面对咄咄逼人的形势，起义部队下一步该怎么办？中共中央早有决定：部队立即南下，占领广东，取得海口，以求得到国际援助，再举行第二次北伐。8月3日至7日，起义军分批撤离南昌，开始了艰难的南下之路。在以后的两个月的时间里，起义部队一面向南挺进，一面与围追堵截的敌人浴血奋战，伤亡惨重。终因寡不敌众，南昌起义遭到失败。周恩来乘船转赴香港。二十四师余部1 200多人由董朗、颜昌颐率领到达陆丰。他们同当地农军会合在一起，改编为红二师。11月，他们树起苏维埃的旗帜，创立了海陆丰红色政权。二十五师在朱德、陈毅的领导下，坚持下来。在1928年初发动了湘南大起义，随后上井冈山同毛泽东领导的秋收起义队伍会师，创立

■ 油画《南昌起义》

了中国工农红军第四军。

南昌起义虽然失败了，但八一南昌起义的枪声，如平地一声春雷，使千百万革命人民在经历了一连串的严重失败后，又在黑暗中看到了高高举起的火炬，燃起了新的希望。从此，他们在中国共产党领导下，高举土地革命的大旗，用武装斗争来反对国民党反动派的屠杀政策，历尽艰辛，终于打开了中国革命的新局面。作为南昌起义前敌委员会书记的周恩来，当之无愧地成为中国人民解放军的光荣缔造者之一。

在上海主持党的白区工作

大革命失败后，中国共产党人并没有气馁，领导人民相继发动了南昌起义、秋收起义、广州起义和各地武装起义，中共中央由武汉迁到上海继续领导全国的革命斗争。周恩来从1927年11月到达上海至1930年，实际上主持着中共中央军委、中央组织部和中央特委（特科）的工作，坚持在白色恐怖下工作了4年之久。

在毛泽东、周恩来、朱德等人的领导下，发动了秋收起义、南昌起义，创建了红军，开辟了若干块革命根据地，但各根据地还没有连成一片，处于分割状态。为了加强党对红军和根据地的领导，周恩来多次在上海主持红军会议，并领导中央军委创办了军内刊物《军事通讯》。1927年12月，周恩来刚到上海，就代表党中央向贺龙、周逸群交代任务，要他们组织湘鄂边前敌委员会，前往湘鄂边建立革命根据地。为了推动鄂豫皖边界的斗争，1930年3月周恩来又代表党中央召集郭述申、许继慎等人在上海召开专门会议，宣布了中央关于统一鄂豫皖三省边界党组织的领导，建立鄂豫皖边区党的委员会和统一三省边区红军的军事指挥，建立红军第一军军部的决定。

周恩来还非常重视各革命根据地的组织工作，不断地向各根

据地输送干部。除了原有的许多重要军事干部如贺龙、周逸群、邓小平等分别去创建各根据地外，还将一些不便于继续留在白区的政治干部也派赴各革命根据地，担任政治工作。1928 年 11 月 25 日，毛泽东写给中央的一份报告送到上海。报告中讲到，要求派党代表至少三人来部队工作，加强红军中党的领导。周恩来看到报告后，立即指示中央军委和中央组织部及时派出三名工人出身的党员，前往湘赣边区担任党代表工作。

随着根据地的发展壮大，各根据地对干部的要求不断提高，根据这一需要，从 1929 年起，周恩来与聂荣臻一起，在上海秘密主办了几期军事训练班和党的干部培训班。训练班每期十人左右，约一个月时间，开设了党的建设、军事工作等课程。周恩来还亲自讲授马列主义和党的建设等课程。为了沟通党中央和各根据地的电讯联系，帮助各根据地建立电台，在周恩来的亲自指导下，在上海还秘密开办了几期无线电报务训练班，培养了专门的技术人才，他们毕业后，被分配到各个根据地去工作。

■ 辣斐德路辣斐坊——中共中央军委所在地

周恩来在主持中央军委和中央组织部工作期间，对各根据地在物质上提供了大量的支持。在根据地周围和各秘密交通线沿站以及上海、武汉等大城市，开设了杂货店、药房、电器公司等店铺。这些店铺既掩护了党的秘密工作，又从物质上帮助各根据地，支援根据地的革命斗争。

1928 年 6 月 18 日至 7 月 10 日，中国共产党在莫斯科召开了六大。会上，周恩来作了关于组织问题和军事问题的报告，当选为中央政治局常委兼中央组织部长。“六大”之后，党的领导权逐渐被李立三掌握，1930年以后，李立三不顾当时敌强我弱的情况，认为举行全国总暴动的时机已经成熟。周恩来与李立三在对于目前形势的分析和党应该采取的方针等问题，进行了激烈的争论。1930年4月，周恩来到莫斯科向共产国际汇报中国共产党“六大”以来情况。6月11日，在李立三的主持下，中央政治局通过了李立三起草的《新的革命高潮与一省或数省的首先胜利》的决议案，一度使“左”倾路线统治了党中央，给党带来了严重的损失。8月下旬，周恩来回到上海，首先纠正了李立三在实际工作中的错误，在9月份召开的中共六届三中全会上，他全面分析了国内的政治形势，纠正了李立三认为在中国存在着直接革命形势的错误观点，停止了组织全国总起义和集中全国红军进攻中心城市的计划，基本上结束了李立三的“左”倾路线在党中央的统治。

为了更好地保卫党中央机关，周恩来还创建了隐蔽斗争中所必需的保卫机构——中央特委(特科)。他领导上海和党的其他活动地区，建立了秘密的工作网点，开辟了中央到各根据地的秘密交通线，建立健全了秘密工作的制度和纪律，以及机要文件档案的保存管理办法。中央特委下设总务、情报、行动和无线电通讯四科。为了准确及时掌握敌情，周恩来还亲自选派机智勇敢、忠实可靠的共产党员深入虎穴，战斗在敌人的心脏，直接从敌人手中截获情报。1929年8月24日，中共重要领导人彭湃、杨殷、颜昌硕和邢士贞，因叛徒白鑫告密，在上海沪西区新闸路经远里党的接头地点，被帝国主义的武装巡捕和巡捕房的中国包探逮捕。

事发当晚，周恩来主持召开了中央特委紧急会议，研究了营救战友的办法和惩办叛徒的措施。当得知敌人于28日清晨将彭湃等四人由公安局转解到龙华国民党警备司令部的情报后，周恩来即率领特科人员按计划在预定时间埋伏途中，准备刑车经过时截车营救战友。但因时间紧迫，临时运到的枪支都是用润滑油脂涂

过的，需用煤油擦净后才能使用，结果耽误了时间，错过了机会。1929 年 8 月 30 日，彭湃等四人在龙华国民党警备司令部被国民党秘密杀害。

四烈士牺牲后，周恩来代表党中央起草了《以群众的革命斗争回答反革命的屠杀》的告人民书，揭露了国民党杀害共产党人的罪行，并亲自制定惩办叛徒的行动方案。

1929 年 11 月 11 日，当了解到白鑫将于当晚离开住所，逃往南京时，特科人员及时赶到法租界霞飞路和合坊 48 号国民党特务范争波家附近，因叛徒白鑫藏于此地。晚上 11 时，白鑫、范争波走出住所，还未及上车时，特科人员随即将白鑫等人击毙。

当彭湃遇难时，他的母亲正流落澳门。为了照顾老人，周恩来派人将老人接到上海党中央机关，并对彭湃的幼子也做了妥善安置。

1930 年 4 月 19 日，我党优秀领导人恽代英在上海沪东工人区散发传单时，被国民党反动派逮捕。由于他当时穿的是破旧的工人服装，面部又遭特务殴打伤肿变形，因此未被国民党认出。恽代英被判处有期徒刑，监禁在南京狱中。周恩来得知后，亲自筹划，进行营救，很快使恽代英减刑。1931 年春，正当恽代英有可能出狱之际，却被叛徒顾顺章认出，向敌人告密，终使恽代英未能幸免于难，1931 年 4 月 29 日被杀害于南京狱中。

顾顺章原是中共中央政治局委员和特科具体工作的负责人，1931 年 4 月 25 日在汉口被国民党特务逮捕。顾当天叛变，密电南京，要求见蒋介石。电报被我打进敌人内部的共产党员钱壮飞看到，钱马上派其女婿坐火车到上海通知周恩来。顾顺章的叛变对党的安全造成了极大的威胁，蒋介石阴谋要用顾顺章提供的消息将共产党地下组织一网打尽，但是周恩来机智果敢地采取了紧急措施：对党的主要负责人做周密的保卫和转移；废止顾顺章所知道的一切秘密工作方法，由各部门负责实现紧急改变等。经过几昼夜的紧张工作，粉碎了国民党闪电式的袭击。敌人的阴谋未能得逞，便于1931年9月由国民党中央执行委员会作出悬赏通缉周恩来的决定，11月上海《申报》、《时报》等连日登出悬赏数万银元缉拿周恩来紧急启事。但是，国民党始终未能找到周恩来的踪迹。于是，在1932年2月，敌人又在这些报纸上伪造了一个《伍豪等脱离共产党启事》(实际上周恩来在1931年12月已到了中央苏区，任苏区中央局书记)。就在伪造的启事登出的第三天，地下党予以反击，在《申报》上登了一个辟谣启事。为了使人民看清国民党造谣污蔑的罪恶行径，在3月4日《申报》上登出了《巴和律师代表周少山紧要启事》。周少山是周恩来在党内用的别名。这个启事，既澄清了事实，又揭露了国民党反动派。

一条毛毯

在原中国革命博物馆(现中国国家博物馆)里,珍藏着一条红色毛毯。它记述了老一辈无产阶级革命家之间的战斗情谊,也凝结着老一辈无产阶级革命家对中国革命事业的赤胆忠心。

1931年12月14日,被蒋介石调到江西进攻红军的国民党第二十六路军17 000余人,在全国人民抗日救亡运动的影响下,响应中国共产党的抗日号召,在赵博生、董振堂的领导下,发动了宁都起义,加入红军。这一壮举震动了国民党的反动统治,使国民党反动派惊惶失措,在中国革命史上写下了光辉的一页。这支部队后来编为红五军团。在庆祝宁都起义胜利时,董振堂把一条红色的毛毯赠送给朱德作为纪念。朱德带着它,粉碎了国民党蒋介石对革命根据地的多次"围剿",并参加了举世闻名的二万五千里长征,带着它又来到了革命圣地延安。董振堂起义后,忠于革命事业,英勇善战,1937年在甘肃高台镇战斗中英勇牺牲。毛泽东得知消息后,说道:"宁都起义的领导者赵博生、董振堂等人成了坚决革命的同志。"毛泽东亲自参加了当时在延安宝塔山下为董振堂举行的追悼会。

1936年12月12日,震惊中外的"西安事变"爆发。之后,张学良、杨虎城两位将领致电中共中央,希望听取中共的意见。党中央和毛泽东清醒地分析了当时内忧外患的政治形势,提出和平解决西安事变的方针。党中央决定，派周恩来作为我党的全权代表，到西安同张学良、杨虎城以及被逮捕的蒋介石进行谈判。周恩来义正辞严地阐述了我党坚持反对内战、团结抗日的方针，经过谈判和针锋相对的斗争，终于迫使蒋介石接受了停止内战、联合抗日的主张。西安事变的和平解决，促成国共两党重新合作，初步形成了团结抗日、共御外侮的局面。为此，周恩来付出了巨大的心血。此时，陕北正是严冬，朔风凛冽，寒冷袭人。周恩来经常顶风冒雪，披星戴月往返于延安、西安之间，为建立和发展抗日民族统一战线而艰苦斗争。见此情景，朱德便把红色毛毯转送给周恩来，作为御寒

■ 朱德送给周恩来的毛毯

之用。西安事变解决后，周恩来为建立抗日民族统一战线经常在西安、南京和延安之间奔波。1937 年 5 月，周恩来和张云逸等人离开延安，准备经西安到南京，同国民党继续谈判。当汽车行至延安南边的劳山时，突然遭到国民党反动派组织的武装土匪的袭击。一时枪声大作，战斗异常激烈，形势万分危急。周恩来临危不惧，迅速跳下车，亲自指挥战斗。我方人员一边还击敌人，一边向密林深处撤退。在激烈残酷的战斗中，周恩来的警卫参谋陈有才英勇牺

■ 劳山遇险后，周恩来与张云逸（左）、孔石泉（右）的合影

牲。因为他穿着呢子衣服，口袋里又装有周恩来的名片，敌人误以为杀害周恩来的目的已经达到。在我陕北骑兵和边区部队闻讯赶来的时候，敌人还在这条毛毯上狠狠地砍了十余刀，然后狼狈逃窜。不久，这群匪徒被我边区军民全部歼灭。劳山脱险后，周恩来继续带领同志们踏上了新的征程，为了挽救民族危亡，促进抗日民族统一战线而英勇地战斗着。

抗日战争爆发后，在中国共产党的领导和推动下，出现了全国的抗日高潮。朱德任八路军总司令，即将率领部队奔赴华北抗日前线。为了欢送这位革命老战友，周恩来把这条充满革命战斗情谊的红色毛毯回赠给了朱德总司令。1938 年 4 月，朱总司令带着它，奔赴晋东南指挥我英勇的八路军粉碎了日军的九路围攻，英雄儿女战太行的动人事迹广为流传。太行山区的劳苦大众非常热爱自己的子弟兵，更是敬仰朱德总司令，他们便把部队睡的火炕烧得热热的。就在一个全军上下万众一心乘胜歼敌的夜晚，这条毛毯在太行山上的下河村的火炕上又被烧了一个洞。朱德夫人康克清怀着无限的深情，用一块白布把烧毁的地方千针万线地补缀起来，再让朱总司令用。这条毛毯伴随着朱总司令经历了八年抗战和三年解放战争，一直保存到全国解放。

这条周恩来和朱德共同用过的红色毛毯，记载了两位伟大的无产阶级革命家的丰功伟绩和对中国革命事业的赤胆忠心，它凝结着的老一辈无产阶级革命家之间的战斗情谊比山高比水长。

长征路上过险关

1933年9月，蒋介石调集100万军队，采取“堡垒主义”新战略，对中央革命根据地进行军事“围剿”。在王明“左”倾冒险主义者的指挥下，红军节节失利，被迫转移，于1934年10月，开始长征。

红军首先突破了敌人设置的四道封锁线，于1935年1月突破乌江天险，到达贵州遵义。在此，中共中央召开了具有伟大历史意义的遵义会议，会议确立了毛泽东在全党全军的领导地位，批判了王明“左”倾冒险主义者在军事上的错误。这次会议，在革命的危急关头，挽救了党和红军，是中国共产党历史上一个生死攸关的转折点。

遵义会议后，中国工农红军以机动灵活的运动战，取得了四渡赤水战役的重大胜利。随后，又巧渡金沙江，于1935年5月来到了另一个险关——大渡河。

在行军途中，一位红军战士向周恩来报告：“我先头部队攻占了安顺场，活捉了一个守渡口的敌营长，缴获2只渡船。”周恩来听后高兴地点了点头。一到安顺场，周恩来就与朱总司令、刘伯承、左权、张云逸等首长研究渡河的问题。

安顺场西岸的守敌虽已被击溃，但是河水湍急无法架桥，仅靠2只小船来回渡红军的千军万马，需要很长的时间。如果后面敌追兵赶到，一旦背水与敌人作战，对我们极为不利。因此，红军决定除刘伯承总参谋长和聂荣臻政委率一个师在此渡河外，其余的红军部队沿大渡河西岸迅速赶到上游的泸定桥去过河。刘伯承和聂荣臻率领的一个师渡河到达对岸后，则沿大渡河东岸也向北打，同取泸定桥。

傍晚，下起了倾盆大雨，道路泥泞。周恩来和红军战士沿着高低不平的小道深一脚浅一脚地走着，有时路稍宽一点，周恩来就和政治部主任李富春边走边谈。他们谈到太平天国的石达开就是在大渡河边全军覆没的，我们决不能重蹈石达开的覆辙，一定要闯过大渡河这一关。

到了下半夜，路更难走。战士们的左边是高矗入云的峭壁，山顶上是常年不化的积雪，银光耀眼，寒气袭人。右边是深达数丈，

■ 大渡河上的泸定桥

水湍浪急的大渡河，稍不小心，就有掉到河里的危险。但是，红军战士早已把个人的安危置之度外，只有一个想法：加速前进，快到泸定桥！在杨成武率领红军先遣团夺取了泸定桥之后，周恩来率领的红军战士于第三天赶到了泸定桥。战士们见到这种桥还是生平第一次，它既不是石桥，也不是木桥，而是一条铁索桥。从东岸到西岸拉了13根用粗铁环一个套一个连成的长索链，每根都有普通碗口那样粗，两边各两根做成铁栏，底下并排九根为桥面，是铺木板用的。原来桥面横铺着的木板已被敌人拆掉了，只剩下悬空挂着的乌黑铁索。桥头的一块石碑上刻着两行诗句："泸定桥边万重山，高矗入云千里长。"

一位年轻的指导员向周恩来汇报了红军渡河情况："原来的桥板被敌人破坏了，临时铺的木板不牢固，部队过得很慢，马匹根本不敢走，刚才就有一匹翻下去了。"周恩来听说有马落水，很着急地问："人有没有损失？""没有。"周恩来再三叮嘱，一定要通知后边的部队要遵守秩序，听从指挥，保证安全。这时，周恩来也开始过桥了，他告诉红军战士："过桥的时候要小心，眼睛要看对岸，不能向下看。"因为桥下水湍浪急，波涛汹涌如猛虎一般，越看桥下越紧张，就越迈不开步子。只见周恩来，泰然自若，迈着稳健的步子向前走着。走到桥中间，一位红军战士向周恩来报告："有一块木板裂开了。"周恩来想到毛主席和很多红军战士还没有过桥，便说："我们修一修，铺好再走。"说完，他亲自动手拉木板，铺好后还在上面踏了几下，看看结实不结实，才放心地继续向前走。就这样，周恩来边走边修，终于过了桥。

刚到桥头，刘伯承总参谋长、聂荣臻政委等首长早已站在桥头，走上前去同周恩来一一握手。刘伯承总参谋长告诉周恩来："我们攻下泸定城。敌人在逃跑前，沿街放火，烧毁了老百姓的房屋。我们的部队除了一部分去追击敌人外，其余全部在镇上救火。"周恩来听后十分气愤，和其他首长一起到镇上看了情况之后，便又急急忙忙往回走，到桥头去接毛主席。周恩来就是这样，对毛主席非常尊敬，对毛主席的安全非常关心。周恩来在桥头等了一会儿，只见毛主席那高大的身影出现在泸定桥上。毛主席面带笑容，迈着稳健的步伐从对岸走来，周恩来等首长迎上前去，同毛主席亲切地握手。

毛主席和周恩来等首长到城里休息。一位红军指导员向周恩来报告说，逃跑的敌人已经全部被我军缴械。周恩来听后高兴地说："国民党又一次失败了，我们又一次突破了长征路上的又一个险关。在毛主席的领导下，中国工农红军是不会，也不可能重蹈石达开的覆辙的。"

吃过饭，毛主席、周恩来等首长率领着中国工农红军又踏上了长征路上新的征程。由于毛主席的正确领导，中央红军终于克服了长征路上的艰难险阻，于 1935 年 10 月到达抗日前沿阵地——陕北，与在陕北的红军胜利会师。11 月，为了粉碎敌人对陕北根据地的"围剿"，把中国革命大本营建立在西北，周恩来协助毛主席胜利地指挥了直罗镇战役。他和毛主席一起周密地进行战役部署，并和毛主席一起亲至前沿阵地，指挥我红十五军团粉碎敌人，活捉敌酋牛师长，全歼企图逃窜的残敌。红军于 1936 年 10 月，一、二、四方面军三大主力在甘肃静宁、会宁地区胜利会师，终于结束了伟大的长征。

同甘共苦过草地

遵义会议后，红军四渡赤水河，巧渡金沙江，摆脱了几十万敌军的围追堵截，取得了战略转移中具有决定意义的胜利。1935 年 5 月下旬，红军到达大渡河边的安顺场，十七勇士强渡大渡河，二十二勇士飞夺泸定桥，又翻越了五座大雪山，于 1935 年 8 月进入茫茫的水草地，行程 600 里。

在千里无人烟的水草地上，长满了水草，起伏不平，踏上去软绵绵的，再用力一踩，人就会陷下去，立刻淹没头顶。这里根本没有路，红军战士决心在这沼泽地带，踏出一条北上抗日的路来。

草地的气候变化无常，有时晴空万里，烈日酷暑，有时又风云密布，倾盆大雨。恶劣的自然环境，给红军战士带来了极大的困难。

周副主席在进入草地的前几天，突然病倒了，连续几天高烧不退。病刚刚好一点，他就随部队出发过草地了。他大病初愈，身体还很虚弱，却很少骑马，经常把马让给生病的同志骑。他在长征路上还有说有笑，充满了革命的乐观主义精神，并经常给大家讲革命故事，激励大家克服困难，尽快走出大草地。

红军进入草地的第三天，一条大河挡住了去路。此刻，天下起了倾盆大雨，河水暴涨，却没有渡船。这时周副主席来到大河边，派人先下河去，试试水有多深。试水的同志走到河中央，摇晃了几下，险些被大水冲走。周副主席赶快叫他上来，让大家解下绑带结成绳子，派会游泳的同志带着绳子的一端先渡过河。然后，让红军战士顺着绳子蹚过河去。周副主席一直站在河边，看着一批批红军战士安全过河。这时从后边又来了十几个小红军，只有十几岁，个子也不高，即使扶着绳子过河也很困难。周副主席就让警卫员小魏用马把他们运过河去。红军小战士甭提多高兴啦！他们争着上马，有的骑在马背上，有的抱着马的脖子，还有的拉着马的尾巴，一次运过去好几个小战士。这样往返几次，才把十几个小红军战士全部运过河去。周副主席见红军战士全部安全地过了河，最后他才过去。小红军战士高兴地对周副主席说："谢谢首长对我们的关怀！"周副主席鼓励他们说："你们都是小英雄，走出草地，就是胜利。"

红军过水草地最大的困难是没有粮食吃，每人每天只准吃两平碗青稞麦。红军战士经常走不了多少路，肚子就开始"咕噜噜"地叫，饿得浑身发软，摇摇晃晃。周副主席日夜辛劳地工作，身体又很虚弱，警卫员想给他多煮一点吃，可是他坚决不让。他说："每一个革命队伍里的人，都要服从命令。多做工作是应该的，多吃是错的。为了走出草地，北上抗日，要好好爱惜粮食，一点也不能多吃。"警卫员们只好把剩下的一点青稞麦捆在自己的裤带上，细心地保护。

一次，红军战士都从干粮袋里拿出一点青稞麦来熬野菜汤喝，只有小战士吴开生躺在地上没有动，嘴边吐了一大堆青草水。原来他是吃了有毒的青草，中毒了。周副主席知道了，赶忙跑到吴开生的身边，急切地问："小吴同志，你病了吧？"小吴挣扎着想站起来，周副主席不让他动。小吴说："周副主席，没什么，就是野菜太苦，吃下去头昏脑涨，全身乏力。"周副主席亲切地说："还没什么，要好好地休息一下。"接着又对大家说："今后吃野菜，要认真鉴别。"并语重心长地说："这就是革命。我们暂时吃点苦，将来人民就可以不吃苦。"当周副主席得知小吴没有青稞麦时，就让警卫员把自己的干粮袋拿来，把节省下来的青稞面分了一碗，送到小吴面

前说:“小吴,把它吃下去!”小吴哪儿肯接受,周副主席就把碗放在他的手里,深情地说:“同志,为了革命,你应该把它吃下去!”然后又鼓励小吴,要坚持走出草地,眼下走不动,就骑他的马。小吴感动地流出了热泪,坚定地表示:“我只要还有一口气,就要跟着共产党走,跟着首长走,走出草地,革命到底!”

红军战士又走了几天,不仅身上带的青稞全吃完了,而且一路的野菜也吃光了。为了能够继续前进,上级命令杀马吃。可是人多马少,很快就吃完了。红军战士就烧皮带吃,一无所有了,就喝水充饥。周副主席看到这种情景,就叫警卫员把他仅存的一点青稞炒面全部拿出来,给大家泡水喝。这是周副主席仅有的一点粮食,警卫员犹犹豫豫地舍不得拿出来。周副主席用严厉的口气说:“有同志们活着就有我。只要多留一个革命同志的生命,就会给革命事业多增加一份力量。拿出来分掉!”警卫员只好默默地把那几把和生命同等价值的炒面分给同志们。大家在周副主席的命令下,接过炒面,泡在水里,边喝边暗暗表示决心:“周副主席这样关怀我们,只要我们还有一口气,爬也要爬出草地去!”

■ 周恩来长征到达陕北后留影

就这样,红军战士在周副主席的关怀下,大家同心协力,以顽强的毅力,战胜了大自然,终于走出了大草地。1935 年 9 月,红军突破天险腊子口,10 月翻过六盘山,到达了陕北。

促使西安事变和平解决

1935年10月，中国工农红军长征到达陕北后，随即东渡黄河开赴抗日前线。此时日本帝国主义对华疯狂侵略，中华民族处于生死存亡的危急关头。1935年12月中共中央政治局在陕北瓦窑堡召开会议，正确地分析了中日民族矛盾上升之后的形势，确定了抗日民族统一战线的方针。1936年4月，周恩来与张学良在延安的天主教堂会谈，共商国家大事。周恩来耐心地对张学良讲："张将军要是真想抗日救国的话，就一定要实行民主，走人民群众的路线。打内战，只能为亲者痛，仇者快。因此只有停止内战，一致对外，实行民主，才能调动千百万民众的抗日力量，把日本帝国主义赶出中国去，把中国引向光明的前途。"周恩来的一席话，使张学良茅塞顿开。张学良同时也提出建议，抗日不应该反蒋，反蒋就使抗日救国徒增困难。我们正愁抗日力量不够，为什么反而把最大的力量抛开呢？周恩来认真地听了这个建议后说："我本人现在可以表示，同意张先生逼蒋抗日和联蒋抗日的主张。我会把张先生这个意见带回去，提请我们中央郑重考虑后，再作最后答复。"中共中央认真讨论了张先生的意见，改"反蒋抗日"为"逼蒋抗日"。延安会谈是张学良由"剿共"到联共的转折点。周恩来揭开了张学良戎

马生涯新的一页，为红军和东北军建立友好关系打下了基础。

国民党十七路军将领杨虎城也和张学良一样，走上了联共抗日的道路。本来张、杨之间以及东北军和西北军在一定程度上存在着隔阂，加上蒋介石的挑拨，双方关系一直不太好。但是他们不约而同地与红军建立关系后，由于中共的穿针引线，使张、杨之间逐渐地合作起来。红军、东北军、西北军之间终于实现了联合。他们在我党“停止内战，一致抗日”政策的感召下，在全国人民抗日高潮的影响下，纷纷要求抗日。但是，蒋介石仍然坚持“攘外必先安内”的反共政策，于 1936 年 10 月亲自到西安督战，逼迫张学良、杨虎城继续进攻陕北的红军。在民族存亡的关键时刻，张学良借蒋介石 50 寿辰“祝寿”之机，飞抵洛阳劝蒋抗日，但遭到蒋介石的指责：“抗日，抗日，等我死了以后，你再去抗日好了。”11 月 27 日，张学良在西安给蒋介石写了《请缨抗战书》，蒋介石却从洛阳发来了予以拒绝的电令：“时机尚未成熟。”12 月 3 日，张学良孤身一人，亲驾飞机，再赴洛阳进谏：“东北军中抗日情绪已高涨到无法抑制，‘剿共’军事因太不得人心实难继续，无论如何应派东北军开赴抗日前线。”蒋介石一听此话，深感西北局势不妙，对张、杨更加不信任了。12 月 4 日，蒋介石飞抵西安，部署最后“剿共”计划：“东北军和西北军或者全部开赴陕甘前线，进攻陕北苏区，而中央军则在西方接应督战；或分别调往福建和安徽，陕甘两省让给中央军去‘剿共’。”张学良和杨虎城对这两点都不能接受。就在东北军和西北军处于生死存亡的关头，张、杨仍然希望通过乞请蒋介石“停止内战，一致抗日”的办法来说服他。12 月 7 日，张学良到华清池进谏：“日寇侵略我国，继东北沦陷后，华北也名存实亡，非抗日不足以救亡，非停止内战，不足以言抗日。”他再三“苦谏”，后以“哭谏”，最后也未能感动蒋介石。“哭谏”无效后，12 月 8 日张学良和杨虎城秘密磋商，最后决定“实行兵谏，逼蒋抗日”。12 月 12 日，黎明时分，蒋介石在华清池被枪声惊醒，他惊慌失措地从床上爬起来，披着睡衣，趿着拖鞋往外跑。在侍卫的搀扶下，爬上后山墙跳下乱石沟

西北文化日報　中華民國二十五年十二月十三日

全國民衆迫切要求

爭取中華民族生存

張楊昨發動對蔣兵諫

通電全國發表救國主張八項

改組南京政府容納各黨各派

卅萬民衆歡騰鼓舞擁護民族解放運動

救亡領袖 ◀張學良將軍

救亡領袖 ◀楊虎城將軍

張楊等通電全國 發表救國主張

西安各救亡團……昨召開

■ 关于西安事变的报道

中，最后被张学良的卫队营在山中搜到。这就是震惊中外的“西安事变”。

“西安事变”后，张学良、杨虎城立即给我党中央发了电报，说明了事变情况，告知捉住了蒋介石，并邀请中共要人来西安，共商抗日救国大计和捉蒋善后事宜。周恩来看到电报后，立即报告毛主席。蒋介石与共产党打了 10 年内战，如今捉到他，真是一件大快人心的事。很多人在最初一刹那的想法，就是要杀掉蒋介石，为人民报仇。南京政府内部以何应钦为首的“亲日派”则乘机调兵，企图借“讨伐叛逆”的旗号，轰炸西安，置蒋介石于死地而后取而代之。当时，中国的局势极为复杂。中共中央连夜召开政治局紧急

会议。会上，毛泽东正确分析了西安事变的性质：“临潼兵谏是一部分民族资产阶级和国民党地方实力派的代表，不满意南京政府的对日政策，要求停止内战，一致抗日，并接受我党抗日主张的结果。因此，事变是为抗日救国，为了以西北的抗日民族统一战线推动全国的抗日民族统一战线而发动的，这是它的进步性质。但是扣留蒋介石，使南京与西安处于公开对立的地位，而蒋介石的实力并未受到打击，因此，如果处理不妥，有可能造成新的大规模内战的危险。”接着，周恩来也指出，西安事变有两种前途。他说：“由于事变的发动而引起新的大规模内战，使南京中间派走向亲日派，削弱全国抗日力量，以便使日本更顺利地侵略中国，这是德、意、日法西斯侵略阵线欢迎的一种前途。另一种前途，就是由于事变的发动，结束了‘剿共’内战，使我党提出的停止内战、一致抗日的主张

■ 周恩来和平解决西安事变后回到延安。在机场与前来欢迎的毛泽东(左三)等合影

早日得到实现，使全国的抗日民族统一战线更迅速地建立起来，这是国际和平阵线和全国人民所拥护的。”中共中央决定全力争取第二种前途，和平解决西安事变。在张学良和杨虎城的敦请下，我党派出以中共中央军委副主席周恩来为首的代表团赴西安解决事变问题。

12 月 14 日，周恩来肩负着党和人民的重托，率代表团由当时的中央所在地保安出发，冒着严寒，日夜兼程，骑马来到延安。16 日，乘坐张学良派来的飞机到达西安，受到张、杨两将军的热情接待。周恩来明确肯定了张、杨两将军发动西安事变是正义的爱国行动。周恩来说：“西安事变捉住蒋介石是件震动世界的大事。但蒋介石这次被捉住，他的实力还原封未动。目前，在全国抗日救亡运动和我党抗日民族统一战线政策的推动下，他手下的官兵也有所觉悟，抗日思想逐渐抬头。从大局着想，对蒋介石的处置应采取极其慎重的态度。目前，西安事变存在着两种前途，一种会使中国变好，一种会使中国变坏。如果能说服蒋介石停止内战，一致抗日，就会使中国免于被日本灭亡，争取一个好的前途。而如果把蒋介石交给人民公审，反而会引起更大规模的内战，不仅不能抗日，反而会给日军造成进一步灭亡中国的便利条件，这岂不是使中国的前途更坏吗？为了争取一个好的前途，现在必须力争说服蒋介石，使他放弃内战政策，走一致抗日道路。因此，我们主张和平解决西安事变。只要蒋介石同意抗日的条件，可以释放他回南京。”周恩来的精辟分析，使张、杨两将军赞叹不已，赞同了我党和平解决事变的主张。

1936 年 12 月 21 日，中共中央给周恩来发来电报，详细指示：“争取蒋介石、陈诚等，与之开诚谈判，在下列基础上实现和平：第一，南京政府中增加八个抗日运动之领袖人物，排除亲日派，实行初步改组。第二，取消何应钦等之权力，停止讨伐。讨伐军退出陕甘，承认西安之抗日军。第三，保障民主权力。第四，停止剿共政策，并与红军联合抗日。第五，与同情中国抗日运动之国家建立合

作关系。第六，在上述条件有相当保证时，恢复蒋介石之自由，并在上述条件下赞助中国统一，一致对日。”周恩来遵照党中央的指示，以共产党代表的资格，与蒋介石进行了面对面的斗争。周恩来义正辞严地阐述了我党坚持反对内战，团结抗日的方针，并揭露了蒋介石违背孙中山先生遗嘱，给中华民族带来了巨大灾难。经过我方及张、杨、蒋三方代表的谈判，终于迫使蒋介石初步接受了停止内战、联合抗日的条件。25 日，蒋介石被释放回南京。西安事变的和平解决，粉碎了亲日派的阴谋。正如毛泽东指出：“西安事变的和平解决成了时局转换的枢纽，在新形势下的国内的合作形成了，全国的抗日战争发动了。”

在中国革命历史转折的关头，周恩来身系民族安危，为西安事变的和平解决，为中国革命的发展，立下了不朽的功绩。

抗战时期在武汉

1937年7月7日，日本帝国主义发动了卢沟桥事变，开始了全面的侵华战争。周恩来肩负重任，来到武汉，创办了“八路军武汉办事处”。周恩来以中国共产党代表的身份，坚持党制定的抗日统一战线政策，领导了国统区的抗日民族统一战线工作。

当时的武汉，豺狼当道，蒋介石表面上接受我党提出的联合抗日的主张，实际上却在暗地里干着反共卖国的勾当。就在八路军办事处一街之隔的对面楼房里，国民党设下了特务机关，一双双恶毒的眼睛盯着办事处。周恩来一出门，便有特务盯梢。周恩来泰然处之，机智勇敢地同国民党进行了坚决的斗争，忠实地执行党的抗日民族统一战线的政策。为了“动员一切力量，争取抗战的胜利”，周恩来十分重视国民党统治区各阶层群众的工作。他总是想尽一切办法，利用一切机会，广泛接触各界进步人士和广大群众，向他们宣传党的抗日主张，动员他们积极参加抗日活动。他号召青年“到军队里去”，“到乡村中去”，“到被敌人占领的地方去”，在这样大动乱的时代里锻炼自己，努力去争取抗战的最后胜利。当时在武汉的大批文化人士听了周恩来的话，精神大为振奋，纷纷参加抗日文艺团体，到群众中去，到抗日前线去，大演抗日戏剧。

周恩来还积极地从事发展国际统一战线的工作。抗战爆发后，各国友好人士和一些进步团体，为了援助我国的抗日战争，纷

纷来到武汉。美国女进步作家史沫特莱曾经冒着枪林弹雨，亲临华北、华中前线进行采访，写了不少宣传人民战争光辉思想和歌颂抗日根据地军民鱼水情的文章。周恩来在武汉多次会见了她。著名的国际主义战士白求恩和柯棣华大夫远渡重洋来到中国时，周恩来也在八路军办事处热情会见了他们，并向他们讲解了我党的抗日主张，高度赞扬了他们的国际主义精神。后来，白求恩和柯棣华大夫奔赴抗日前线，为了中国人民的解放事业，流尽了最后一滴血。

1938 年 1 月 11 日，在汉口《新华日报》创刊号上，周恩来写了"坚持长期抗战，争取最后胜利"的光辉题词。1938 年夏季，周恩来领导的八路军办事处和郭沫若领导的国民政府军事委员会政治部第三厅在武汉组织"七七"周年纪念活动，届时开展了支援抗战

■ **1938 年初，周恩来同史沫特莱等国际友人在武昌**

的献金运动，活动极其振奋人心。武汉三镇的上百万居民，在五天之内踊跃献金100万元以上，显示了武汉人民坚持抗战的决心。为了宣传党的抗日统一战线的政策，周恩来亲自深入到广大群众、文艺界、青年界、妇女界发表演讲。对周恩来饱满的革命热情，顽强的战斗意志，惊人的革命毅力，郭沫若曾作过生动的描绘，指出："周恩来思考事物的周密有如水银泻地，处理问题的敏捷有如电火行空，而他一切都以献身的精神应付，就好像永不疲劳。他可以几天几夜不眠不休，你看他似乎疲劳了，然而一和工作接触，他的全部心神便和上了发条一样，有条有理地又发挥着规律性的紧张，发出和谐而有力的节奏。"

1938年10月，日军进攻武汉，武汉告急。这时有些人又大谈什么"亡国论"和"速胜论"，来破坏抗战。周恩来坚决捍卫毛泽东关于持久战的科学论断和抗日战争的正确路线，先后在党的长江局会议上，在《新华日报》编辑部报告会上，在国民党政府军事委员会政治部第三厅的会议上，向党内外多次作了关于坚持持久战的报告。周恩来还写了《论目前抗战形势》一文，作为《新华日报》的社论公开发表。周恩来在这篇文章中，阐述了毛泽东论持久战的光辉思想，指出："中国抗战是长期的，不是短期的，持久战的方针是确定的。日本强盗既不可能一下子把我们赶到中国的'堪察加'迫上昆仑山，我们也不可能很快地转弱为强，反守为攻，将日寇强盗赶出中国。正如毛泽东同志所说：须经过持久战的三个阶

■ 1938年，周恩来在武汉八路军办事处

段，才能取得最后胜利。”周恩来的这篇文章，提高了广大群众的抗战积极性，增强了抗战胜利的信心。

正当抗日民族统一战线迅速扩大之时，党内机会主义者王明跳出来，把矛头指向毛泽东。王明在统一战线工作中鼓吹“一切经过统一战线”，“一切服从统一战线”的投降主义口号，甚至企图利用职权扣压毛泽东从延安发武汉，要武汉转给兄弟党代表大会的电报。周恩来得知后，挫败了王明的阴谋，及时将毛泽东的电报发了出去。

1938 年 4 月，当时担任陕甘宁边区政府副主席的张国焘背着党中央，逃离延安到武汉。周恩来得知后，立即派人赶到火车站，责令张国焘立即返回延安，或到八路军办事处去。张国焘叛变逃跑，投进了国民党特务的怀抱。周恩来立即报告党中央，并亲自在办事处党支部大会上宣布党的决定，开除张国焘的党籍，彻底清算了张国焘搞阴谋诡计的反革命罪行。1938 年秋，国民党反动派在“国民参政会”上，由汪精卫出面，在会上一面故作激进，大喊“焦土抗战”，一面却在搞投降阴谋。就在汪精卫大演投降丑剧的同时，周恩来指示“八路军办事处”针锋相对地同国民党展开了斗争，组织各界人士的座谈会，揭露了由德国驻华大使出面诱和，汪精卫派党羽周佛海与日军秘密谈判的罪行。此举有力地打击了国民党右派投降的阴谋，巩固了抗日统一战线。1938 年 10 月初，日军进逼武汉。10 月 7 日，周恩来在《新华日报》上发表了一篇社论，指出：武汉的得失决不能看作能否长期抗战的关键。抗战是长期的，是持久的，即使从武汉撤退了，只要艰苦奋斗，抗战的前途还是光明的。

正当日军进逼武汉之时，11 月 12 日夜间，国民党长沙警备队火烧老百姓的房屋，整个长沙陷入一片火海。14 日，周恩来和叶剑英赶到南岳出席蒋介石召开的军事会议。一到南岳，就听说这场大火是蒋介石于 12 日上午发的密令，让国民党干的。周恩来无比愤怒。会上，周恩来就大火的责任问题义正辞严地和蒋介石为首的顽固派进行了激烈的辩论。他要求严惩放火首犯，拨款救济灾民和征集民工帮助居民修建房屋，以稳定后方。16日，周恩来赶回长沙，并将政治部第三厅的同志连夜调来，处理火灾的善后工作，亲自安排组织救灾，使处于水深火热之中的老百姓感到了共产党的温暖。

为皖南事变烈士志哀

从1937年7月到解放战争兴起的十年间，周恩来为发展党的抗日民族统一战线，经常奔波于西安、武汉、重庆、南京等地，坚决贯彻毛泽东提出的在统一战线中“独立自主”，“又团结又斗争”的方针。武汉沦陷后，周恩来于1938年12月率领中共代表团来到国民党政府所在地重庆。在此期间，他担任党中央代表和南方局书记，长期坚持在国民党统治区领导统一战线工作，配合八路军、新四军各个战场，为争取抗日战争的胜利，进行了艰苦卓绝的斗争。

从1940年10月起，国民党反动派疯狂地掀起了第二次反共高潮。10月19日和12月8日，国民党用正副参谋总长何应钦和白崇禧的名义，发表了所谓“皓电”和“齐电”，大肆污蔑我八路军和新四军“破坏军令、政令”，无理地强令在黄河以南和长江以北的八路军、新四军，在一个月以内全部撤到黄河以北。我党坚决地拒绝了这种无理要求，严厉驳斥了国民党反动派的无耻造谣和污蔑，并且揭露了蒋介石企图投降日本，削弱共产党的阴谋。但是，为了避免统一战线的破裂和坚持抗战，我党同意将在皖南的新四军撤到江北，这也是防止皖南新四军在国民党可能发动进攻时遭受损失的措施。国民党背信弃义，1941年1月4日，叶挺、项英率新四军军部及皖南部队9 000余人，按照国民政府军事委员会的命令北移，当部队行至安徽泾县茂林镇时，突然遭到国民党军 8 万余人的包围袭击。经过七昼夜的血战，终于弹尽粮绝，除千余人突出重围外，其余大部分壮烈牺牲。军长叶挺被俘，副军长项英被害。这就是震惊中外的“皖南事变”。

当我重庆办事处电台收到新四军军部发来在北上途中被围的告急电报时，周恩来十分愤慨，一次又一次地向国民党交涉、抗议。当得知 1 月 17 日蒋介石悍然发布反动命令，取消新四军番号时，周恩来无比愤怒地连夜驱车去找国民党谈判代表张冲，并打电话给军事委员会参谋总长何应钦，提出了义正辞严的抗议。他在电话中怒斥何应钦：“你们的行为，使亲者痛，仇者快，你们做了日寇

■ 担任南方局书记时的周恩来

想做而做不到的事。你何应钦是中华民族的千古罪人！”针对国民党破坏团结、破坏抗战的罪行，周恩来和南方局的其他负责同志商量决定，要在《新华日报》上发表“皖南事变”的真相的报道和一篇反对国民党取消新四军番号的反动命令的评论。考虑到这篇报道和评论一定会被国民党新闻检查所扣押，周恩来在满腔怒火中写下了“为江南死国难者志哀”的题词和一首不朽的诗：千古奇冤，江南一叶。同室操戈，相煎何急?！这一题词和诗，像一把钢刀直插敌人的心脏，同时也表达了对新四军殉国指战员的沉痛哀悼，声讨了国民党顽固派的罪行，向全中国、全世界揭穿了蒋介石反共、反人民、破坏抗战、破坏团结的阴谋，使国民党陷于十分孤立的境地。

■ 重庆曾家岩 50 号周恩来办公室

周恩来的题词和诗决定要在 18 日的《新华日报》上发表，国民党当然不会准许发表。因此，《新华日报》社并不送审，而是采取“硬登”的办法。17 日夜间，国民党派新闻检查所所长带了军警到《新华日报》编辑部来审稿，并且在编辑部和印刷部的周围设置了层层封锁线。《新华日报》的同志在周恩来的指导下，早就做好了准备。他们准备好第二版和第三版，登着一般的新闻稿件。编辑部的同志把清样送给国民党检查所所长审查时，他拒绝看，坚持要看印好的报纸。编辑部的同志只好在这个已拼好的版上，打纸型，浇铅版，并且印出了一些报纸来。那个所长看了报纸之后，认为没有问题，就回去睡觉了。当他在审查报纸的时候，报社的同志就快速地拆掉烫手的版子，重新拼版，把周恩来的题词和诗的木刻版装上，快速打了纸型，快速浇了铅版，快速地送到设在防空洞里的印刷所去印刷。天还未亮，那张印有周恩来题词和诗的报版已经印成报纸了。那些由《新华日报》培养出来的“报童”一个个都成了生龙活虎的侦察兵，他们机警地越过国民党军警的层层封锁线，在天亮不久，已经将报纸送到了城南，送到了江北，送到沙坪坝去了。

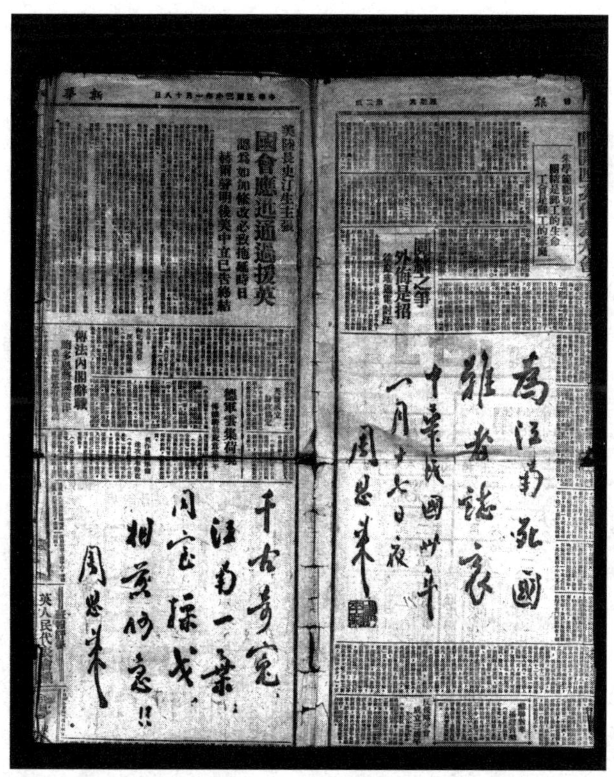

國會應迅通過援英

為江南死國難者誌哀
中華民國卅年一月十七日夜
周恩來

千古奇冤，江南一葉，
同室操戈，相煎何急！！
周恩來

■ 周恩来为揭露国民党顽固派制造“皖南事变”，在《新华日报》上的题词

当时重庆的人民群众，对蒋介石国民党的积极反共，消极抗日的罪行，早就看在眼里，恨在心上了。这一天的《新华日报》就像一

颗炸弹，在这座山城爆炸开了。国民党反动派发现了这一情况，气急败坏地大打出手，派出警察、宪兵、特务封锁了全城邮局，还追打我们的报童。这些英勇的小报童，同国民党军警进行了针锋相对的斗争，他们有的被捕了，有的被打得头破血流。周恩来得知报童被捕的消息后，立即向重庆的军警负责人张镇提出抗议，令其立即释放被捕的报童。周恩来还挺身而出，到大街小巷散发《新华日报》。他的这一行动，像雷电一样，震撼了这座山城。

“皖南事变”后，周恩来继续领导国统区的广大党员和进步人士同国民党进行了针锋相对的斗争，向国民党提出了中共中央解决“皖南事变”问题的十二条要求，其主要内容为：撤销取消新四军番号的反动命令，释放叶挺军长，仍任新四军军长；惩办“皖南事

■ **周恩来在重庆曾家岩 50 号看《新华日报》**

变”的祸首何应钦、顾祝同、上官云相等。国民党如果不接受，中共参政员不出席参政会。这时蒋介石为缓和舆论压力，极力想通过民主党派劝说我党参政员出席参政会。周恩来为了顾全大局，请示党中央，决定由董必武、邓颖超以在渝参政员的名义发表公开信，提出停止内战，承认中共及各民主党派的合法地位，恢复叶挺原职，释放新四军全体被俘人员等十二条临时解决办法，作为出席参政会的条件。由于国民党不接受这些条件，中共参政员拒绝出席。当这封公开信在《新华日报》上刊登时，被检查扣发，开了“天窗”，只留下“中共参政员未出席参政会真相”这个标题。周恩来又指示将公开信和解决“皖南事变”问题的十二条要求等文献，印成增刊夹在 3 月 10 日的报纸内发行。这样，就粉碎了蒋介石妄想粉饰和平的阴谋，使国民党更加处于被抨击的境地。

周恩来在重庆高举我党坚持抗战，反对投降；坚持团结，反对分裂；坚持进步，反对倒退的斗争旗帜，依靠国统区的广大群众，团结进步力量，争取中间力量，打击顽固力量，对国民党进行了针锋相对的斗争，揭露了蒋介石国民党积极反共、消极抗日的罪行。

伟人的泪

在人们的心目中，周恩来或者热情可亲、和蔼慈祥，或者冷峻严厉、坚定顽强，然而，周恩来是人，不是神，是人就有喜怒哀乐，是人就有流泪的时候。他的情感是极其丰富的。

1936年12月12日，张学良、杨虎城将军，在全国人民抗日救亡运动的推动下，在中国共产党"停止内战，一致抗日"方针的影响下，实行"兵谏"，逮捕了蒋介石以及几十名国民党军政大员。这便是震惊中外的"西安事变"。西安事变发生后，在张、杨二位将军邀请下，周恩来受党委托，赴西安以图和平解决西安事变。在周恩来的积极参与下，经过张、杨和各方面的共同努力，西安事变最终得以和平解决。12月25日下午，张学良在没有通知周恩来的情况下，亲自陪同蒋介石夫妇飞离西安。周恩来得到消息后即刻乘车疾驰机场，想阻止张学良的行动。但到机场为时已晚，飞机已经起飞了。周恩来仰望天空，眼流热泪，连声呼唤："张副司令，张副司令！"后来周恩来叹息地对人讲："唉！张汉卿就是看《连环套》那样的旧戏看坏了，现在他不但要'摆队送天霸'，而且还要'负荆请罪'啊！"

全面抗日战争爆发后，日本侵略者的铁蹄步步南进。周恩来的父亲被迫离开江北，奔向武汉。接着，又随着八路军办事处家属转移。一直过着动荡艰苦的转战生活。直至1940年到达重庆，才算安定下来。老人虽然生活在儿子身边，但是，肩负着领导国统区人民团结抗战重任的周恩来，在那风紧云沉的日子里却没有时间陪伴老人。

1942年6月下旬，因过度的劳累和长时间的精神紧张，周恩来患了膀胱脓肿，住进医院。医生准备为他做手术。情况报到延安，毛泽东非常关心周恩来的身体，立即致电董必武："恩来须静养，不痊愈不应出院。痊愈出院后亦须节劳多休息，请你加以注意。"当时，董必武、邓颖超等天天轮替着到医院看望周恩来。董老特意做了规定：任何人不准打扰周恩来，如果去探视，必须他批准，但去后不准谈工作。

7月初，周恩来的父亲突然中风。那时的医疗技术落后，虽经医生全力抢救，但终无效，老人很快去世了。邓颖超等人含着热泪将老人的灵柩暂时停放在红岩沟内。此时，摆在大家面前最难的问题就是：要不要把这一消息告诉周恩来？大家都知道他非常孝敬老人，而且很重感情，目前刚刚做完手术不久，一旦将这一消息告诉他，是否能承受如此沉重的打击。董必武、邓颖超等人决定，先不告诉周恩来，待他出院后再报告，再出殡。

然而，周恩来的目光何等敏锐，没过两天他便觉出周围的气氛有些不对。于是，周恩来不顾大家反对，决定立即出院。第二天一早，周恩来乘车回到驻地，下车时他已觉出周围气氛有些异常，脸色随之变得苍白。虽然手术后伤口尚未痊愈，他却依然快步进了办公室。他一眼便看到了邓颖超臂上的黑纱，顿时心头一震，他的嘴唇抽搐着，睫毛抖得十分厉害，终于从胸腔里冲出一声："怎么回事？"周恩来从来不曾这样失控失态地显出慌乱，以至于邓颖超难过地低下头，没有敢说出话。其实，以周恩来的聪明，早已明白发生了什么事，他只是无法相信，也无法接受这一悲痛的现实。他极力克制着自己，继续问道："出了什么事？到底出了什么事？"邓颖超终于流着泪说："老爷子……去世了。"周恩来身体一晃，邓颖超接着说："中风，很快就不行了，三天前去世的……"周恩来静静地

站着，嘴唇微张着一直在战栗，凝滞的眼睛里慢慢地泌出一眶泪水，随即似泉水一样漫溢下来，淌过灰白的面颊。“啊！爸爸啊！……”周恩来一声长叹，放声大哭，他一边哭着一边责怪邓颖超：“小超呀，别人不了解我，你还不了解我，怎么连你也瞒着我啊？”“恩来，我错了，我不该瞒你，你也要注意自己的身体啊！”邓颖超一面哭着，一面认错。这天晚上，周恩来怀着无限的哀痛，拖着虚弱的身体，为父亲守灵直到天明……

1946 年 4 月 8 日，周恩来送走王若飞、博古、叶挺、邓发乘坐的飞机后，立即回到办公室，急切地等待延安方面的消息。自重庆谈

■ 周恩来在重庆曾家岩 50 号中共代表团驻地

判结束后，王若飞就一直留在重庆，配合周恩来同国民党谈判，这一次他和博古是回延安向中共中央汇报国共谈判和政协决议的情况。叶挺将军是在政治协商会议后刚被营救出狱的，本来周恩来劝他多休息几天，但他去延安的心情迫切，坚持搭这趟飞机走，并且带上了前往重庆迎接他出狱的女儿小扬眉。飞机起飞后，途中遇到恶劣天气，盘旋之中迷失方向，于当日下午在山西省兴县东南的黑茶山失事，机上人员全部遇难。这就是“四八”烈士事件。

此时的周恩来在办公室门口停下来，送别战友时的笑容还残留在唇际，但他的两眼却显露出某种怅然若失的神情。他对电台的同志说：“注意和延安联络，飞机到达后马上通知我。”时间一分一秒地过去了，周恩来无心看桌上的文件，起身围绕办公桌来回踱步。这时，王若飞的爱人李佩芝进来了，周恩来见她脸上充满了担心和不安，就面带镇定指着腕上的手表说：“还不到，也快了。你就不要走了。我们一起等电报。”然而，随着时间的流逝，人们终于预感到出事了，但谁都不愿说，谁都不肯说，谁都期待着或许奇迹能够发生。终于，飞机失事的电报来了，周恩来接到电报时，两道浓眉猛地抽缩聚拢，仿佛一阵锥心的痛楚窒住了他的呼吸，脸色在刹那间变得煞白。他的目光刚触及电文，便颤抖了一下，嘴角哆嗦着，目光越来越暗淡，越来越蒙眬。他突然把头仰起来，眼皮微合，他想抑制住泪水，独自承受那种痛楚。可是，眼角那颗闪烁的泪珠越凝越大，仿佛是从心头一点一点绞出来的，终于扑簌簌地滚落下来。李佩芝最先哭出了声，眼泪在她胸中已然蓄积了许久，终于急骤地流淌出来，她放声大哭。周恩来也跟着哭出了声。那是一种不忘领导责任又无法完全压抑住的沉重抽泣声。“若飞同志……”周恩来从胸中发出一声颤抖的呼唤，然后边哭边说道：“都怪我啊，哪怕，哪怕是分乘两架，两架飞机……我怎么没想到呢？我对不住同志啊……”此时的周恩来已是泪流满面，他怨恨上天的不公，他责怪命运的残忍，但他有的只是哭诉：“小扬眉昨天还……还在我屋里跑进跑出，她才多大，那么……那么好的孩子，可是，可是

……"周恩来说不下去了。

19日，重庆各界6 000多人为"四八"烈士举行了隆重的追悼大会。周恩来沉痛地介绍了这13位烈士遇难的情况，他眼里噙着泪，眼圈红红的。当讲到遇难的烈士中还有叶扬眉和黄晓庄两个尚未成年的孩子时，泪水再也控制不住了，一串串往外涌。介绍到叶挺时，他几乎哭着说："叶挺同志才恢复自由一个多月啊！……"就再也讲不下去了。他强忍心中的悲痛说道："若飞同志，对革命事业忠心耿耿，是党的一位好同志……"感情的闸门再也挡不住了，悲痛之情如潮水般向外涌，冲垮了理智之堤，他失声痛哭！这是男子汉的哭声，这哭声，声声震颤着每个人的心弦。

人们常说男儿有泪不轻弹，铮铮铁骨的周恩来一生很少流泪，但每一次流泪都是发自心底的真情，那是对朋友的关怀，对父亲的孝顺，对战友的怀念。

陪同毛泽东赴重庆谈判

抗日战争胜利以后，蒋介石在美国支持下，妄想独吞胜利果实，采取假和谈、真内战的反革命两手策略，妄图消灭中国共产党及其领导的人民军队，在全中国范围内重新实行大资产阶级大地主的法西斯统治。

1945 年 8 月，蒋介石一连打了三次电报，邀请毛泽东去重庆谈判。8 月 23 日，蒋介石"诚恳"电邀毛泽东说："时机迫切，仍盼先生能与恩来先生惠然偕临，则重要问题，方得迅速解决，国家前途实利赖之。兹已准备飞机接送，特再驰电速驾！"毛泽东为了尽一切可能争取和平，揭露蒋介石的内战阴谋，教育人民，以无产阶级革命家的雄伟气魄，于 8 月 28 日在周恩来的陪同下亲赴重庆同蒋介石谈判。周恩来协助毛泽东在谈判桌上同国民党进行了针锋相对的斗争。

28 日下午 3 时 45 分，毛泽东、周恩来、王若飞在专程到延安迎接的国民党代表张治中、美国特使赫尔利的陪同下，到达重庆。此刻，蒋介石正召集各院院长应急讨论与中共谈判的方针，他们曾主观臆断共产党不会来谈判，他们要假戏真做，制造空气，共产党拒绝和谈，他们更有文章好做。因此，毛泽东亲临重庆，出乎蒋介石的

■ 毛泽东、周恩来乘飞机抵达重庆

意料。在同蒋介石谈判中，毛泽东从历史到现实，批评了国民党的反共反人民的政策，阐明了我党和平民主团结的方针。周恩来根据毛主席、党中央决定的方针同国民党代表就军队、解放区、国民大会和政治协商会议等具体问题进行了谈判。谈判中周恩来既表现了坚定的原则性，又在不损害人民根本利益的前提下，采取了灵活性的策略。他严厉驳斥了国民党代表诬蔑我党领导的人民军队和解放区是“封建割据”、“裂土封侯”的谰言，坚决拒绝国民党要我党交出解放区和人民军队的无理要求。周恩来在谈判时义正辞严地指出：我党领导的人民军队和解放区的存在是革命发展的结果，我党和国民党的谈判，地位是平等的，决不允许国民党以统治者自居，把共产党当作被统治者。每次谈判的情况，周恩来都向毛泽东汇报，听取毛泽东的指示。谈判中每一个新建议的提出，都是周恩来和毛泽东商讨后，由毛泽东亲自作出决定。

谈判历时43天，无论是在会场还是在战场都充满着尖锐的斗争。双方谈判的焦点，在如何对待解放区的军队和政权问题上。共产党一方要求尊重解放区的军队和政权，而国民党一方却始终坚持“军令政令统一”。国民党为使共产党同意他们的要求，还在谈判桌外调兵遣将，积极部署内战，进攻解放区。蒋介石一面密令向各战区印发他在1932年编写的《剿匪手本》，一面向解放区发动局部军事进攻。9月上中旬，蒋介石下令阎锡山部12个师向中共的晋东南解放区进攻，解放区军民忍无可忍，晋冀鲁豫野战军在山西上党地区奋起反击，歼敌3万余人。在河北邯郸战役中也打退了国民党的军事进攻。战场上的胜利有力地配合了会场的斗争。如关于军队整编问题，9月3日谈判时，我党提出将八路军、新四军及其他人民武装整编为48个师，而国民党却要我党缩编为12个师，另加几个补充师。9月18日，经毛泽东和周恩来研究，向国民党提出新的建议，即国民党军队和共产党的军队整编比例可为6比1，国民党如为263个师，我党的军队即为43个师，较原方案让步五个师，表现出谈判的诚意。国民党在战场上受到了沉重打击

后，也在谈判桌上收敛了一些。后国民党军队缩编到120个师，经毛泽东决定我方的军队也按比例减下来，可缩编到24个师以至20个师。关于军队驻地和解放区的问题的几次新的建议，也是毛泽东和周恩来研究后提出的。通过谈判，国共双方都明确了和平建国的基本方针，一致认为“必须共同努力，以和平、民主、团结、统一为基础”，“以坚决避免内战，建设独立、自由和富强的新中国”。“政治民主化、军队国家化及党派平等合法化为达到和平建国必由之途径”，国民党同意取消特务统治，释放政治犯和召开政治协商会议。

在重庆，周恩来协助毛泽东进行了统一战线工作。毛泽东会见了国民党上层的包括左、中、右等各方面的人士，会见了各民主党派、无党派民主人士，美、英、法、苏等国大使，中外新闻记者和其他人士。毛泽东的每次会见和活动，周恩来都亲自陪同或亲自安排，他把毛泽东的安全和健康看作是中国革命事业胜利的保证，因此十分关心。宴会上各方面人士纷纷向毛主席敬酒时，周恩来经常代毛泽东干杯。毛泽东的住宿和会客的地方，他都要亲自检查，对国民党派来警卫毛泽东的宪兵以及为毛泽东开车的司机，他都要亲自同他们谈话。

1945年10月10日，在毛泽东的领导下，经过周恩来等同志的努力，国共双方代表签订了《会谈纪要》(即《双十协定》)。11日，毛泽东胜利安全地返回延安。周恩来继续留在重庆，同国民党谈判，直至11月25日才返回延安。

国民党一面谈判，一面不断发动对解放区的进攻。《双十协定》墨迹未干，蒋介石便于10月13日向各战区下达“剿匪密令”。11月中旬，他又在重庆召开军事会议，计划在6个月内击溃共军主力，然后分区“围剿”解放区。解放区的军民奋起自卫，在察绥、平汉路、津浦路等战役中连续取得了胜利。蒋介石在发动局部内战失败后，进一步玩弄和平阴谋，被迫签订了停战协定，同意召开按《双十协定》规定的政治协商会议。这样，中国便出现了谈谈打打的局势。

政治协商会议1946年1月10日在重庆召开。周恩来受党和毛泽东的委托于1945年12月16日率领董必武、叶剑英、邓颖超、吴玉章、陆定一等组成的中共代表团前往参加。中共代表团来重庆的任务，一方面是参加政治协商会议，另一方面是继续同国民党谈判。首先要解决的是停止内战问题，只有先不动手，才好谈其他一切问题。因此，政治协商会议的第一个议题就是要停止内战和讨论出一个和平建国的方案。中国共产党对这些都有具体意见，还就国民大会的代表改选、会期、宪法、国民大会组织法及代表选举法等问题，向政协会议提出主张。

政协会议期间，周恩来从早到晚，忙于参加会议和同各方面人士交换意见。夜里，代表团内部还要开会，汇报研究情况。他还经常亲自动手写材料，亲自向毛泽东党中央汇报。由于我党的努力，也由于蒋介石迫于政治上、军事上的压力，政治协商会议通过了在不同程度上有利于人民的决议。但是，政协决议墨迹未干，蒋介石便处心积虑地搞阴谋破坏。国民党重庆市党部大打出手，制造了“较场口事件”。1946年2月10日，重庆各界举行庆祝政协会议成功大会。上午9时许，大会开始，主席团成员郭沫若、沈钧儒、李公朴、马寅初等走上主席台。突然，主席台周围一片怪叫声，特务蜂拥而上，举起棍棒就乱打。李公朴、郭沫若被打得头破血流，许多

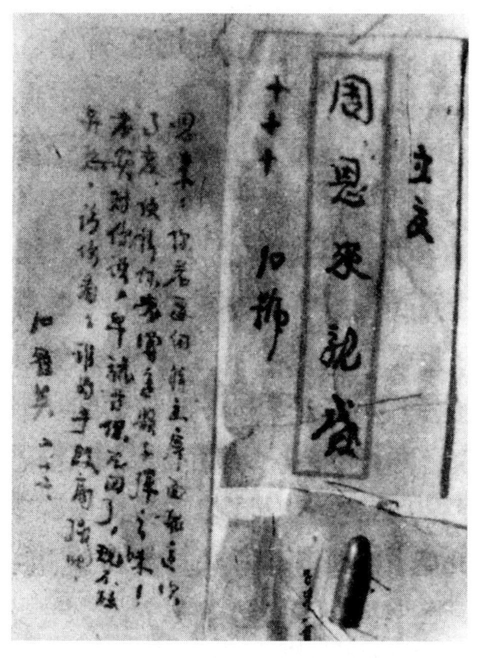

■ 国民党特务寄给周恩来的恐吓信和子弹

人受伤失踪。

周恩来闻讯后，立即赶到会场，大声说道："特务们站出来，让大家看清楚。"特务们见势不妙逃走了。周恩来又赶到医院看望受伤的代表。当晚，政协代表召开紧急会议，联名给蒋介石写抗议信，要求国民党惩办凶手。周恩来要直接质问蒋介石，但因蒋已到上海未能见到。12 日，周恩来面见国民党中央秘书长吴铁城，要求他代电蒋介石陈述较场口惨案及政协代表的意见。次日清晨，周恩来收到了一封恐吓信，信封里面有一颗子弹。周恩来看过后，毫不畏惧，对警卫员说："好吧！我们就不客气地收下吧！"国民党特务还以卑劣的手法于 2 月 22 日捣毁了重庆《新华日报》营业部，打伤我工作人员多名。当晚，周恩来在曾家岩 50 号举行中外记者招待会，宣布了事件真相，要求国民党严惩凶手。他指着楼上对记者说："我这楼上住的就是国民党特务。"他大声斥责说："楼上的国民党先生，你们听着。刚才这些话就是我说的，你们赶快去报告吧！"在场的记者无不为之震惊，深深为之敬佩。

解放战争初期，周恩来认真执行了毛泽东关于同国民党谈判的正确方针，使全国人民看清了国民党假和谈、真内战的骗局，使国民党更加孤立。

在南京梅园新村

1946年初，蒋介石在美帝国主义的支持下，玩弄反革命的两手，一面被迫在“双十协定”和“停战协定”上签字，一面却在大搞“停战就是备战，整军就是扩军，复员就是动员”的阴谋活动。在1946年1月10日停战令颁布之前，蒋介石就发出了“抢占战略要点”的密令。停战令颁布之后，又集结100多万人的兵力向各解放区猖狂进攻。蒋介石发动全面内战，已迫在眉睫，形势非常严重。就在这内战硝烟即将弥漫全国的危急时刻，周恩来肩负着党中央的重托和全国人民的期望，率领中共代表团于1946年5月3日从重庆到达南京。从此，南京长江路梅园新村30号中国共产党代表团办事处，便成为我党同国民党反动派进行谈判斗争的前线。

当时国民党反动派统治下的南京，犹如虎穴狼窝，在中共代表团驻地的周围，国民党设立了十几个特务监视站，并经常在附近的街头巷尾布置大批的化装特务，对代表团成员和来访人士进行跟踪盯梢。在敌人心脏地区进行斗争，随时都要准备付出极大的代价。但是周恩来不顾个人安危，不管环境多么险恶，他总是坚定沉着，机智勇敢地同敌人进行针锋相对的斗争。

周恩来到达南京时，正值国民党调集大量军队向我中原解放区进犯，并将中原我军压迫至宣化店一带，妄图一举全歼我中原人民解放军主力部队。根据毛主席的指示：中原解放区要努力奋斗，

牵制住30万敌军，以利东北我军的展开。周恩来对中原解放区的战斗作了周密部署，在到达南京的第二天，立即举行了中外记者招待会，揭露国民党散布的所谓“中原无冲突”的谎言，指出：“首先协议停止中原内战，以免牵动全局，发展成全国内战，‘停战’3个多月以来，我中原解放区遭受国民党侵犯达140次之多！”周恩来以无可辩驳的事实，揭露国民党破坏停战协定，妄图消灭我中原解放军的阴谋。慑于全国人民的压力，最后国民党代表和美国代表不得不随同周恩来一道，于5月6日到中原军区所在地宣化店就地视察美蒋反动派进犯解放区的暴行。由于周恩来的及时揭露和坚决的斗争，迫使美蒋反动派不得不同意在军调部下设宣化店小组，监视中原地区的停战。周恩来和军区负责同志李先念、王树声、王震经过反复研究，制定了武装突围的战略转移方案。1946年6月下

■ **1946年周恩来在南京梅园新村办公**

■ 1946 年,周恩来、董必武在梅园新村

旬，蒋介石悍然下令，要在6月26日向我中原部队发动全面总攻，并扬言在48小时内一举歼灭我中原部队。当国民党军队大举进攻我中原解放区时，我军胜利地完成了战略转移，我军仅以6万人的兵力，冲破了敌人30万大军的层层包围。既牵制了敌人的兵力，保证了东北我军的展开，又顺利地实现了中原突围，粉碎了蒋介石围歼我军的阴谋。

在南京谈判的过程中，周恩来同要尽花招的美蒋反动派展开了针锋相对的斗争。当时美帝国主义为了给蒋介石撑腰，提出了一个"军事援华方案"，就在美国总统特使马歇尔来华"调处"期间，美国派飞机、军舰帮助蒋介石运送了大量军队到解放区前沿阵地，用各种美式现代化武器装备国民党军队，供给国民党政府大量军火物资，为蒋介石培养了大批的陆军、海军和伞兵。美国训练的国民党陆军就有57个师70万人。周恩来在谈判中，揭露了大量的美蒋相勾结的事实，戳穿了美国以"调处"为名支持蒋介石打内战的阴谋。在事实和真理面前，美蒋反动派狼狈不堪，国民党竟提出要给"公正"的美国特使马歇尔这个"调处"人以国共谈判的"最后决定权"。这是一个赤裸裸的卖国行为，周恩来给予了无情揭露。国民党的宣传部长这时又急忙出来赖账，一再声明说他们提出来的是"公断权"而不是"最后决定权"。然而白纸黑字，罪证确凿，国民党宣传部长的抵赖也无济于事。周恩来无情地揭露，把国民党反动派卖身投靠的卑鄙行为公诸于世，使之遭到了各阶层爱国民主人士的强烈谴责，掀起了反对美蒋勾结、制止内战的广泛的群众运动。马歇尔吃败仗后，不得不伸出大拇指说："周恩来将军真不愧是我所见到的世界上第一流的外交家！"最后马歇尔不得不宣布"调处"失败，灰溜溜地走了。

全面内战即将爆发，上海出现反对内战、争取民主的高潮。5月初，民主同盟等12个人民团体组成"上海人民团体联合会"，发表宣言，主张停止内战。"上海人民团体联合会"和"上海各校学生和平促进联合会"发起组织了"上海人民和平请愿团"，推出马叙伦等十人为代表赴南京请愿，要求停止内战。6月23日上午，请愿代表团离开上海时，上海十万人齐集车站送行，并随即举行声势浩大的反对内战、反对美国干涉中国内战的示威游行。当请愿代表刚刚走出南京下关车站时，遭到了国民党特务的殴打，制造了骇人听闻的“下关惨案”。周恩来得知后，无比愤怒，立即打电话向国民党当局提出严重抗议，并连夜带慰问品赶到医院探望，慰问受伤代表。他紧紧地握住受伤代表的手说：“你们的血是不会白流的！”过了几天，周恩来还设宴招待了上海请愿代表。党的关怀，使请愿代表们受到很大鼓舞。通过蒋介石这个反面教员，人们开始认识到，向反动派乞求和平，和平是绝对得不到的，只有团结起来，斗争到底，才是唯一的出路。有的代表激动地对周恩来说：“我过去总是

■ **1946年11月16日，周恩来在南京举行记者招待会**

劝你们少要一兵，少要一枪，现在我认识到你们的战士不能少一个，枪不能少一支，子弹不能少一粒。”马叙伦先生握着周恩来的手说，中国的希望只能寄托在你们身上了。

■ 梅园新村内周恩来卧室

国民党反动派一意孤行，公然于 1946 年 11 月 15 日在南京召开了伪“国民大会”。第二天下午，周恩来在梅园新村举行记者招待会，揭露国民党彻底撕毁政协决议、破坏和平的阴谋。由于到会记者很多，屋内和门口都挤满了人。会上，周恩来发表声明，指出所谓“国民大会”是一个违背政协决议和全国民意，由国民党一手包办的分裂的“国大”，而不是各党派参加的团结的“国大”。对于这一“国大”，中国共产党坚决反对，坚决不承认。周恩来站在一张形势图前面，列举十个月来的事实，向中外记者痛斥蒋介石发动反革命内战，全面进攻解放区的罪行，他愤怒地说：“和平之门已被国民党一手关闭”，“中间道路是没有的”。“中共愿同中国人民及一切真正努力和平民主的党派，共同为真和平、真民主而斗争！”周恩来义正辞严的讲话，赢得了与会记者的钦佩和支持。招待会的第二天，《新华日报》报道了记者招待会和周恩来发表讲话的全文，使全国人民更加看清了美蒋反动派破坏和平，挑起内战的真相。

周恩来率领的中共代表团从 1946 年 5 月至 1947 年 3 月，在南京同美蒋反动派进行了十个月零四天的针锋相对的斗争，彻底揭露了美蒋反动派的倒行逆施，使他们完全陷于孤立。周恩来出色的工作为我党赢得了全国人民的拥护和世界舆论的同情，对扩大革命统一战线，在国统区形成一条包围国民党反动派的第二条战线，配合解放战争的发展，起了重大的作用。

当周恩来离开南京时，人们最关切的问题是中国共产党“几时回来”。周恩来充满信心地回答：“我们肯定是要回来的，回来估计有两种可能：一种是请回来，国民党被打得一败涂地，必定要再次请求谈判；再一种就是我们打回来，后一种可能性要大得多。”

历史的发展证实了周恩来的预言。就在中共代表被迫撤离南京短短的两年之后，中国人民解放军以秋风扫落叶之势，百万雄师过大江，南京终于回到了人民的怀抱。

为了筹建新中国

1949年初，中国新民主主义革命在全国的胜利已成定局，建立新中国的历史任务已经提到党的议事日程。周恩来受中共中央的委托，负责具体领导筹建新中国的各项工作。为准备召开中国人民政治协商会议，准备成立中华人民共和国中央人民政府，周恩来日夜奔忙，辛勤地工作。

5月24日，周恩来宴请在北平的一些民主人士，代表党中央同他们协商召开新政协、成立联合政府的重大问题。6月中旬，新政协筹备会举行第一次会议，决定下设六个小组，分别完成拟定参加新政协会议的单位及名额，中华人民共和国政府方案和起草新政协会议组织条例、共同纲领等项任务。会上，周恩来被选为筹备会常务委员、副主任和起草共同纲领小组组长。6月18日，周恩来主持召开起草共同纲领小组第一次会议，讨论纲领起草问题，决定由中国共产党负责起草。周恩来亲自动手起草共同纲领。初稿完成后，他先后主持召开了七次会议，其中三次共同纲领起草小组会议，两次政协代表会议和两次筹备会常务委员会会议，经过反复讨论修改，使共同纲领更加完善。这个纲领是中国人民近百年来特别是20多年来应对帝国主义、封建主义和官僚资本主义斗争的经验总结，成为新中国的建国施政纲领。9月17日，周恩来主持政协筹备会第二次全体会议。他在会上代表常委会做了关于3个月来筹备工作的报告，会议通过了此报告，并一致同意将新政协改为中国人民政治协商会议。由于周恩来代表党中央同各方面人士民主协商政协代表的人选，他又熟悉各方面的代表人物，经过细致的研究和反复协商，致使政协会议具有广泛的代表性。会议还一致通过将政协会议组织法草案、共同纲领草案、中央人民政府组织法草案作为正式议案，提交政协第一届全体会议审议。

为了选定新中国的国旗、国徽和国歌，周恩来花费了很多心血。在开国前的一个多月中，全国各族人民和海外华侨，寄来了数以千计的国旗、国徽图案和推荐国歌。周恩来除了组织专门的委员会广泛地征求意见外，还亲自和有关专家一起审查、挑选。当有

■ 周恩来在政协一届会议上报告共同纲领起草的经过

关人员把初步选定的五星红旗的国旗图案送交周恩来时，他看了一遍又一遍，高兴地说："这红旗象征着无数革命先烈用鲜血染红的大地。这一颗大的星星，象征着中国共产党的领导。周围四颗星星，象征着中华各民族紧密团结在党的周围。我觉得很好，寓意深刻。"

9月21日至30日，中国人民政治协商会议第一届全体会议在北平中南海怀仁堂隆重开幕。会议由毛泽东主持。参加会议的代表共662人，他们来自各党派、各团体、人民解放军、各地区、各民族、海外华侨，还有特邀代表。这是一次全国人民大团结的会议。毛泽东在开幕词中宣布："占人类总数四分之一的中国人从此站立起来了！""中国人民已经战胜了自己的敌人，改变了中国的面貌，建立了中华人民共和国。""中国的历史，从此开辟了一个新的时代。"与会代表长时间地热烈鼓掌。周恩来代表筹备会做了《关于〈中国人民政治协商会议共同纲领〉草案的起草经过和特点》的报告。他指出："为了完成建设一个独立、民主、和平、统一和富强的新中国的伟大任务，在整个新民主主义时期，人民民主统一战线应当继续下去，而且需要在组织上形成起来，以推动它的发展。""中国人民政治协商会议，就是它的最好的组织形式。"林伯渠作了关于政协筹备工作的报告，谭平山作了关于政协组织法起草的报告，董必武作了关于中央人民政府组织法起草的报告。大会一致通过了《中华人民共和国中央人民政府组织法》、《中国人民政治协商会议组织法》、《中国人民政治协商会议共同纲领》。会议决定：中华人民共和国的国都定于北平，改名为北京；采用公元纪年；以《义勇军进行曲》为代国歌；国旗为五星红旗。会议选出了以毛泽东为主席，由188人组成的第一届中国人民政治协商会议全国委员会；由63人组成的中央人民政府委员会。毛泽东为中央人民政府主席，朱德、刘少奇、宋庆龄、李济深、张澜、高岗为副主席。9月30日下午6时，全体代表到天安门广场举行人民英雄纪念碑奠基礼。

9月30日，就在新中国建立的前一天上午，周恩来来到中央外事组办公室，他说："从现在起，中央外事组的工作任务已经开始了，你们要开始办正式的外交了。明天毛主席在开国大典上将发表一个公告。典礼结束后，要将毛主席的公告和我的随附公函立即送发留驻在北京、南京等地的外国使馆或领事馆，你们赶紧着手准备，把公告和信件打印好。这将是我们新中国的第一个外交文件，是通过使领馆向外国政府发出的第一个照会。"接着他又说："遗留在中国的外国使、领馆，除社会主义国家外，均不承认其外交地位。今后建交工作，要通过谈判进行，要他们表明与台湾断绝一切外交关系，我们才予承认。我们建交是有原则的。"周恩来把工作交代完，留下要在信件上盖的他的图章后，就赶忙去处理开国大典的其他事务了。这天晚上，毛主席在他的办公室里，也是通宵达旦地工作，亲笔起草准备在天安门城楼上向全国、全世界发布的《中华人民共和国中央人民政府公告》。黎明时分，毛主席拿着写好的《公告》草稿，来到周恩来的办公室，同周恩来一起商讨《公告》的内容和措词。

10 月 1 日下午 3 时，首都北京 30 万群众在天安门广场举行隆重的开国大典。毛泽东主席在天安门城楼庄严宣告："中华人民共和国中央人民政府成立了！"顷刻之间，天安门广场上 30 万人的海洋中爆发出了雷鸣般的掌声，人们载歌载舞欢庆这伟大的时刻。接着，毛泽东按动电钮升起了新中国第一面五星红旗。

这一天，在中央人民政府委员会第一次会议上，周恩来被任命为中央人民政府政务院总理兼外交部部长。政务院机构的人事安排是急需解决的问题，经中央决定，取消华北人民政府，用此人员作为中央人民政府政务院的基础。对民主人士的安排，这是周恩来非常重视的一个问题。鉴于民主党派在中国人民解放事业斗争中的作用，各民主党派主要人物都应有所安排。周恩来深谋远虑，费尽心血，各党派民主人士和无党派民主人士在政府机构中占了相当的比重。4 个副总理中共产党员 2 人，民主党派和无党派人士 2 人；21 名政务院成员中，共产党员 10 人，民主党派和无党派人士

11 人;政务院下属 30 个机构的 93 名负责人中,共产党员 51 人,民主党派和无党派人士 42 人,许多民主人士为此十分感动。1949 年 10 月 21 日,周恩来召集第一次政务(扩大)会议,宣告政务院成立,并作了《关于政务院的成立和政府机关的组织与干部问题》的报告,使新政府的各部门正常工作起来。早在 1949 年七八月间,斯大林同中共代表团谈论中国革命胜利发展的大好形势时,曾经指出:中国共产党从一切方面来说,已经是一个完全成熟了的党,首先是中央领导已经成了政治上完全成熟,组织上异常坚强的指挥核心。这是你们党在革命实践中锻炼出来的,确实难能可贵啊!中国革命很快就会取得胜利,那时你们就将成立新的共和国,组织中央政府。不过在这方面也不会遇到什么困难,因为你们有周恩来这样一位现成的总理,哪儿去找这样一位理想的总理呢?是啊,周恩来高瞻远瞩,目光远大,为筹建新中国,建设新中国,日理万机地工作,付出了毕生的心血呀!

十条家规

周恩来与邓颖超没有孩子，但他俩的亲属很多。周恩来和邓颖超对他们既疼爱又严格要求，决不因身居高位，对亲属搞特殊化。周恩来在外地的侄儿侄女，经常提出要到北京看望伯父伯母，为此，周恩来给他们规定了十条家规：一是晚辈不准丢下工作专程来看望他，只能在出差顺路时来看一看；二是来者一律不住国务院招待所；三是一律到食堂排队买饭，有工作的自己买饭票，没有工作的由他代付伙食费；四是看戏以家属身份买票入场，不得用招待券；五是不许请客送礼；六是不许动用公家的汽车；七是凡个人生活上能办的事，不要别人来办；八是生活上要艰苦朴素；九是在任何场合下都不能说出与周恩来的关系，不要炫耀自己；十是不谋私利不搞特殊化。这十条家规，周恩来要求在外地的亲属必须做到。对于在北京的亲属，周恩来要求每年开一次会，开会并不谈别的事，只要求他们汇报一年来的思想，再一个个检查一下，有没有借用他的名义办什么私事。周恩来有个侄儿小时候住在西花厅，他每天抱着饭锅自己到大食堂买饭。周恩来定下的规矩，让侄子跟普通工作人员一样，排队买饭，培养其自食其力。

周恩来有个侄子周尔均，50年代同邓在军相识相爱。遵照伯伯的教诲，周尔均一直没把自己的这层关系告诉邓在军。1955年，邓在军调到北京工作后才知道。有一次，周恩来把他们叫到西花厅，邓在军初次见到总理非常紧张，周恩来发现后和蔼地向她问寒问暖，留下他们吃饭。平时的两菜一汤在那天加了一个菜，吃的是大米加小米的“二米饭”。周恩来和他们边吃边聊，他说“现在条件好了，不要忘记小米加步枪的年代”，还为他们盛汤添饭。周恩来叮嘱他们不要因为伯伯是国家总理就自己搞特殊化，更不要把这层关系掺杂到恋爱中去，爱情和婚姻要经得住时间的考验。以后，周恩来一直都非常关心他们。一次，周恩来送给他们两张工人运动会开幕式的票，并反复叮咛说：“一定要到场，一定要看完。”他们虽然去了，但因为有事只看了一半就退场了。第二天，周恩来见到他们问道：“看见毛主席了没有？”他俩惊讶地说：“没有啊！”周恩来连连叹息说：“你们这些孩子就是不听话！”于是，邓颖超告诉他们：“那天运动会，毛主席要出席。因为工作，中间才能到场。伯伯遵守纪律，不能提前告诉你们，又想让你们有一个难得的见毛主席的机会，所以，嘱咐你们看到底。”他们听后懊悔不迭。后来，周恩

■ 西花厅

来听说他们出场后又把票送给了别人，严厉地批评他们缺乏安全观念。这件事使周尔均夫妇深深体会到伯伯对毛主席的尊敬，也深深体会到伯伯那高度的组织性和纪律性，更深深地体会到伯伯对晚辈的关怀和爱护。这对他们的一生产生了重要的影响。

周恩来的侄女周秉建，1968年中学毕业后报名到内蒙古大草原接受锻炼。周恩来知道以后非常高兴，临行前对她说："秉建，我坚决支持你上山下乡，到内蒙古大草原安家落户……你一定要迎着困难上，和内蒙古人民一起建设边疆，决不能当逃兵。"周恩来知道周秉建在家里不吃牛羊肉，又特意嘱咐她到了牧区要锻炼吃牛羊肉，过好生活关，周恩来语重心长地对她说："你去的是牧区，是少数民族地区，要很好地注意少数民族地区的风俗习惯。所以，你到了内蒙古地区要尊重那里的风俗习惯，还要学习他们的语言。"周恩来与邓颖超为周秉建送行，特意办家庭告别会，周恩来特别指定做一道苦瓜菜，让她做好吃苦的准备。

周秉建插队两年后，报名加入了中国人民解放军的行列，并来到了北京。周恩来知道以后，怀疑是北京军区领导打了招呼，她才参军的。当时，有些干部子弟不愿意上山下乡，纷纷走后门参军回城。于是，周恩来让两位秘书了解情况，解决这件事。经过向北京军区有关部门了解，得到的回答是没有任何首长给征兵的同志打招呼，周秉建完全是通过自己报名，并经过正当征兵手续参军的。两位秘书不放心，又找到周秉建询问，并说，周总理的意思是让你回到插队的地方落户。周秉建说："伯伯让我回去，我就回去。"秘书接着问："你已经穿上军装来到北京了，再回去想得通吗？"周秉建说："那我得听伯伯的话。"

两位秘书将了解到的全部情况如实地向周恩来作了汇报，他静静地听着。当知道周秉建愿意接受伯伯的建议重新回到内蒙古大草原去，周恩来非常高兴。临行前，周恩来又一次与周秉建谈话："你回去后，还要住蒙古包，住到生产队去。"他还说："我没有孩子，但要教育侄儿、侄女走这条路。"周恩来一再叮嘱她不要让牧区

■ 周恩来、邓颖超在西花厅与亲属合影

人民给她特殊的照顾。

重新回到大草原的周秉建，时刻记住伯伯的嘱托和教育。在内蒙古的 20 多年中，她学会了放羊、骑马、说蒙古语，习惯了睡蒙古包，吃蒙古饭，完全适应了牧区的生活。后来，她考上了大学，参加工作，又与一位蒙古族青年结了婚，真正成了草原的女儿。她用自己的行动，实现了伯伯的愿望。

周恩来这样严格要求亲属，并非是对他们缺少感情，恰恰相反，正是对他们的爱护和关心。他常常告诫亲属们，不要靠着上辈掌握的权力为自己谋私利，也不要有任何优越感，要同普通百姓子女一样。

俗话说，国有国法，家有家规。周恩来正国法，立家规，为全中国人民作出了榜样。周恩来用他的心和行动赢得了人民的热爱。

关心下一代

1953年5月24日，是个晴朗的星期天。周恩来和邓颖超来到位于北京西郊的101中学，看望学习、生活在这里的同学们。

101中学是一所干部子弟学校。它诞生于战火纷飞的革命战争年代。那时候，许多革命者在残酷的对敌斗争中英勇牺牲，在党中央和毛泽东主席的亲切关怀下，解放区设立了一所专门收留革命干部和烈士子女的学校。这所学校经常跟随部队南征北战。每到一处，同学们就在农民的院子里挂起黑板上课，膝盖就是他们的课桌。他们学政治、学文化，参加劳动，过着半军事化的生活。全国解放后，这所学校搬到北京西郊，仍然实行供给制。

那天下午两点多钟，两辆汽车轻轻地停在学校教学楼前。周恩来和邓颖超走下车来，环视着学校那两座灰砖楼房、一排排整齐的平房和四周绿油油的稻田。周恩来的脸上露出了慈祥的微笑。

“周总理!”一个刚从宿舍走出来的同学发现了周恩来，立即转身跑回宿舍，高兴地大喊：“周总理来了!”这喜讯就像春风，迅速吹遍了学校的各个角落。同学们蜂拥般涌向教学楼前，争先一睹周总理的风采。

周恩来先仔细看了教学楼门口的黑板报，然后从正门走上楼去。学校负责同志赶来了，周恩来握着他的手说：“我来看看你们，毛主席让我来看看你们!”一股暖流涌进师生们的心头。这些在战争

■ 周恩来、邓颖超与首都少年儿童在一起

年代失去亲人的孩子，听到周恩来亲切的话语，看到总理和蔼的面庞，仿佛又回到了亲人身边。

同学们从学校的四面八方不断围拢过来，周恩来看着这群跑得上气不接下气的孩子们，眼里露出了慈爱的目光。他伸出双手迎接这群活泼可爱的孩子。跑在最前面的是李钊同学，他兴奋地握住周恩来的手说："周伯伯好！"周恩来一下子没有认出他来，问邓颖超："这是谁的孩子？"邓颖超说："这是惠年的孩子。"另一位同志补充说："就是'囚童'嘛！"

原来李钊是烈士的孩子，在刚出生20多天时就和妈妈一起被国民党反动派关进了监狱。同狱的难友都怜爱地叫他"小囚童"。周恩来仔细地端详着他说："'囚童'长这么大了！"

廷晓同学个子比较高，站在人群中特别显眼。他的父亲参加革命后就一直杳无音讯。1941年河南发生了灾荒，弟弟妹妹都被饿死，国民党反动派又残酷地杀害了他的爷爷、奶奶、伯父和妈妈，只剩下廷晓只身逃走，参加了解放军。解放后，部队领导看他年纪还小，就把他送到这所学校来读书。这时，他把眼睛睁得大大的望着周恩来，心里有好多话想跟总理说，可就是不知从哪说起。周恩来好像看出了他的心思，朝着他会意地笑了笑，廷晓也笑了。周围的气氛一下子变得轻松起来。一位同学指着廷晓向周恩来介绍："这是我们学生会副主席。"周恩来拉着廷晓的手说："噢！你是副主席。今年多大了？""二十。""上几年级了？""初三。""上学晚。"周恩来沉思了片刻又问："你们的伙食费是一个月十元钱吗？""是啊。"廷晓回答。"每个月还给你们零花钱吗？"同学们回答："发两元钱。""衣服呢？""衣服也发。""那就是说，每个月每人平均是十四五元啊！"

周恩来一边说着一边推开高一（二）班教室的门看了看，又问："你们这里有没有工农群众的子弟？"一个同学说："现在还没有。""你说说，你们要是和工农群众的孩子在一块好不好？"周恩来停下脚步，望着廷晓和同学们，好像要考一考大家。廷晓想了想，吞吞

吐吐地说："有它一定的好处，也有一定的不好处。""你说有什么好处？"周恩来亲切而又严肃地望着他。廷晓想了半天，不知说什么好。周恩来转向大家说："刚才我问你们的副主席，他回答不上来，你们谁能回答？"

同学们开始感到周恩来提出的问题有某种特殊的意义，都凝神静思，一时没有人说话。

"年纪不小了，二十了。"周恩来的话像是责备，更像是鼓励。廷晓又想了一下说："为了领导上好照顾我们。""为什么要照顾你们？"周恩来紧接着问。糟糕，廷晓又答不上来了。"道理很简单，你们应该会说了。"

为了让大家都能听到，周恩来提高了声音说："党中央和人民政府一向就认为干部子弟不应该特殊化，应该和广大的劳动人民的子弟在同一个学校里，在同一个班里，一起学习。你们的父兄，是从劳动人民中成长起来的，在艰苦的革命斗争中，一直是和人民群众打成一片的。你们自己也应该这样做。让你们住在西郊，和社会上几乎隔绝开来，又有多少好处呢？"他停下来看着大家，见大家都在认真地听着，又继续说："建国四年了，我以为这样的学校已经改变了。今天才知道还没有。"周恩来的话，使同学们的心情有些沉重。"当然啦，你们的生活待遇还不算太特殊，还算艰苦，但比起一般水平，已经算高的了。你们的头脑里千万不要滋长特殊化的思想。你们应该为人民好好学习，将来为革命做更多的贡献。如果说要特殊，你们就只能在多做工作这一点上特殊。"

周恩来铿锵有力的话语，使同学们心头为之一震。接着，周恩来又意味深长地说："你们听说过清朝的八旗子弟吗？八旗子弟，就是清朝的贵胄子弟。你们会写贵胄的'胄'字吗？就是胃字出头那个胄，这些贵胄都是立有战功的清朝开国功臣，自小骑马射箭，能征善战，以后带兵灭了明朝，建立起清朝。可是到八旗子弟就不行了，他们从小娇生惯养，不骑马了，要坐轿。整天提着鸟笼子东游西窜，游手好闲，坐吃俸禄，不劳而获，过着骄奢淫逸的生活，直至成了一群腐败无能的大烟鬼。后来，在帝国主义列强的侵略面前，他们束手无策，一败涂地，屈膝投降，最后丢了天下。当然，这是一切剥削阶级必然的下场！你们是无产阶级的后代，那完全是另外一回事。你们的父辈为人民流过血，立过功，但他们是无产阶级的战士，既没有遗产留给你们享用，更不会留给你们任何特权。如果说他们给你们留下什么，那就是一副更艰巨、更光荣的革命重担。我们无产阶级应该是一代胜过一代!”同学们的心，被周恩来的话深深震撼了。

临走时，周恩来和邓颖超微笑着向大家频频挥手告别。同学们在热烈的掌声中，目送着周恩来的汽车缓缓驶去。他们站在道旁，回味着周恩来那意味深长的谆谆教诲，久久不愿离去。

周恩来在百忙中仍然没有忘记关心下一代的成长。他把孩子当做国家的未来，把希望都寄托在他们身上。他的话，无论是在当时，还是在今天，乃至将来都具有深远的意义。他的爱饱含着革命前辈对下一代的无限深情，寄托着老一辈对年青一代的殷切期望。

出席日内瓦和万隆会议

新中国成立后，周恩来被任命为政务院总理兼外交部长。在外交工作中，他以超人的才华和独特的魅力，赢得了世界各国人民的爱戴，为打开新中国的外交局面，提高中国的国际地位做出了突出的贡献。

1954年，他率领中国代表团出席讨论朝鲜问题和印度支那问题的日内瓦会议。在会议期间，美国代表团团长、国务卿杜勒斯仍然顽固坚持推行敌视中国和不承认中国政府的政策。他下了一道禁令，禁止美国代表团成员与中国代表团的人员握手。

会议开始后不久，杜勒斯离开日内瓦回国，由史密斯担任代理团长。开始有记者问史密斯，在会议期间，你与周恩来有没有什么个人接触？史密斯开玩笑地回答：我和周恩来先生在卫生间共用一条擦手的毛巾，这是我们唯一的接触。但会议后期，他却主动在休息室找周恩来的翻译聊天。这一举动引起了周恩来的注意，他认为美国代理团长想同我们接触。

第二天会议休息时，周恩来看见史密斯正在喝咖啡，便走了过去，向他伸出了手。史密斯当时左手正夹着雪茄烟，一见周恩来过来，慌忙用右手端起咖啡杯子，表示两手都占上了，无法与周恩来

■ 周恩来率领中国代表团出席日内瓦会议

握手。但他还是与周恩来进行了友好的交谈，称赞中国是古老的具有高度文明的国家，对世界做出过巨大贡献，他本人深为敬仰。

日内瓦会议最后一次会议那天，周恩来正在与别人谈话，史密斯主动凑上来向周恩来问好。他说："能够在这里认识你，我感到非常荣幸和高兴，你们在这次会议上发挥了很大作用……"周恩来说："我们并没有拒绝与你接触，我上次不是主动向你伸出了手吗？"史密斯尴尬地笑了起来，他用力摇了摇周恩来的胳膊，告辞走了。周恩来对史密斯不能握手而又用心良苦的友好表示，露出了会心的笑容。

根据和平共处五项原则，中国代表团开展了卓有成效的外交活动，促成了印度支那和平的实现。周恩来也以他果断机智的外交才能赢得了与会者的广泛赞誉。

在万隆会议上，周恩来再次展现了他卓尔不群的外交才能。1955 年 4 月 18 日至 24 日的亚非会议在印度尼西亚的万隆举行。会议由印度、缅甸、印度尼西亚、巴基斯坦和锡兰（今斯里兰卡）五个国家召集，29 个国家的领导人出席，会议讨论亚非国家共同关心的问题，这在世界历史上还是第一次，标志着亚非两大洲人民决心自己掌握自己的命运。

中国作为亚洲大国，也被邀请参加了这次亚非人民空前的盛会。周恩来看到，这次会议不仅在亚非历史上，而且在现代国际关系史上都是划时代的创举。中国出席这次会议，正是打开新中国外交局面，增进国际交往和广交朋友的一个好机会，于是率中国代表团欣然前往。

4 月 11 日，中国代表团包租的印度航空公司飞机"克什米尔公主号"，在从香港飞往印度尼西亚途中被美蒋特务预先安放的定时炸弹炸毁。机上中国代表团工作人员和中外记者 11 人全部遇难。这显然是针对周恩来而来的，但由于周恩来应邀出访缅甸，改变了行程，他们的阴谋才没有得逞。

那些害怕亚非人民掌握自己命运的国家见阻挠破坏会议召开

的目的没有达到，又利用亚非各国社会制度和意识形态的不同，挑拨离间，妄图使会议陷于无休止的争论之中。美国派了70多人组成的庞大“记者代表团”来到万隆，进行各种活动。

4月18日万隆会议开幕。许多发言奠定了会议的基调——加强亚非国家反帝反殖的团结，但很快会议就出现了分歧。有些代表的发言表现出对中国存有疑虑和偏见，有的提出所谓“共产主义威胁”、“颠覆活动”，以及宗教信仰自由等问题。会场气氛一度相当紧张。

各国代表的目光始终注视着周恩来，很多人断定会议已经出现不可避免的分裂危机。而周恩来沉着镇定，静观事态的发展。

第二天轮到中国发言，周恩来临时决定将发言稿印发给与会者。上午会议结束后，他利用休息时间起草补充发言稿，一边写一边交给工作人员译成外文。下午，在听完大部分代表的发言之后，周恩来走上了讲台。全场的目光都集中在他的身上。

■ 周恩来在万隆会议上作重要发言

“中国代表团是来求团结而不是来吵架的。”这第一句话就震慑住了会场，台下一片寂静。全体代表都屏息倾听周恩来的发言：

“我们共产党人从不讳言我们相信共产主义和认为社会主义制度是好的”,“但是,在这个会议上用不着来宣传个人的意识和各国的政治制度”。“中国代表团是来求同而不是来立异的。”我们之间的共同之处就是我们“都曾经受过、并且现在仍在受着殖民主义所造成的灾难和痛苦”,因此,我们“很容易了解和尊重、互相同情和支持,而不是互相疑虑和恐惧、互相排斥和对立”。

周恩来阐明了中国的立场之后,接着回答了所谓“颠覆活动”、“共产主义威胁”和宗教信仰等问题,用大量的事实戳穿了这些谎言,引导会议回到正确的轨道上来。

最后,他用诚恳而亲切的话语说:“我们是容许不知真相的人怀疑的”,“我们没有竹幕,倒是别人要在我们之间施放烟幕”。“我们欢迎所有到会的各国代表们到中国去参观,你们什么时候去都可以。”他最后呼吁:“让我们亚非国家团结起来,为亚非会议的成功努力吧!”

周恩来的话音刚落,会场立刻爆发出长时间的掌声和欢呼声,整个会议大厅沸腾了。主持会议的印尼总理沙斯特罗阿米佐约,还有印度总理尼赫鲁、缅甸总理吴努等各国代表纷纷离座与周恩来握手。与会代表,包括最初对中国持不友好态度的代表都称赞周恩来的“这个演说是出色的,和解的,表现了民主精神”。一位美国记者在一篇专题报道中对周恩来的这个发言评论说:“周恩来的发言是对中国和解态度的绝好说明,其外交技巧已登峰造极,它是两天公开会议的高潮。”

在会议进入实质性讨论,再次陷入僵局的情况下,周恩来再平风波,将连日来各国代表发言中大家所认同的共同点归纳成七项原则。经各国代表反复磋商,终于制定并通过了包括和平共处五项原则全部内容的关于《国与国之间和平相处友好合作的十项原则》。有人感慨地说,周恩来在会议“几乎已经陷入僵局的时刻脱颖而出,成为会议明星,成为排难解纷,平息争端,带来和平的人物”。

在会议之外，周恩来也频繁地与各国代表接触、交往。他结识了几乎所有国家的代表团团长，和他们成了好朋友，为后来一些亚非国家同我国建立外交关系创造了条件，为进一步发展我国同广大亚非国家的友好关系打下了良好的基础。

亚非会议的胜利召开，使帝国主义在政治上孤立、经济上封锁新中国的企图遭到破产。周恩来的伟大气魄和远见卓识，以及他那谦虚热忱、平等相待、以理服人的态度和作风，给与会各国代表留下了不可磨灭的印象。他的杰出的才能和超凡的魅力，使中国的国际地位得到了空前的提高。

红色中国的形象

对于每一个中国人，甚至对于世界上的每个人来说，周恩来是胆识与友善的化身。他临危不惧，英勇无畏，机智敏捷，坚韧不拔；他天地襟怀，万物包容，随和谦逊，待人真诚；他能够化干戈为玉帛，他能够变荆棘为鲜花。无论是转战在腥风血雨的生死征途中，还是行进在撒满鲜花的迎宾地毯上，他都潇洒自如，从容镇定。他把火的炽烈与水的柔情，这在常人看来互不相融的特征，完美统一于一身，感染着世界，感动着世界。

世界从周恩来的身上，认识了一个崭新的中国。

在万隆会议上，周恩来结识了两个终身的朋友，一个是刚刚在埃及搞革命成功的纳赛尔，一个是后来中国人家喻户晓的西哈努克亲王。在会议期间，周恩来是第一个主动与西哈努克亲王接触的人，而这第一次接触，便使西哈努克亲王感觉到中国很希望同柬埔寨建立外交关系。周恩来在高度评价和赞扬西哈努克亲王为实现国家完全独立所进行的胜利斗争和不懈努力的同时，清楚地对他表明了中国的立场，尊重柬埔寨的主权和中立，永远不干涉柬埔寨的内政。周恩来的话打动了西哈努克亲王的心，也使他感到，中国，这个世界大国和柬埔寨这个小国是平等的，而他和周恩来也是平等的。

1970 年 3 月，正当西哈努克亲王以国家元首的身份在莫斯科访问时，国内发生了政变。昨天还是一位君主的他，此时一下子变成平民。西哈努克感到茫然而不知所措，他似乎失去了方向，不知何去何从。他想到了中国，他想到中国有他的朋友——周恩来。但是作为有家不能归、已经落难的西哈努克，他担心周恩来是否会待他如初。当西哈努克的飞机徐徐降落在北京首都机场时，他怎么也没有想到，周恩来率领着数十个国家的大使或外交官在隆重地迎接他。在一辆飘扬着中柬两国国旗的高级轿车里，周恩来告诉西哈努克，我们把你看作是唯一合法的国家元首。在北京，周恩来亲自为他安排了一处庞大而豪华的别墅，使之成为他在北京的

■ 周恩来和亚非拉各国朋友在一起

家。每当西哈努克思想上出现消沉或情绪波动时，周恩来总是耐心地规劝他、安慰他；每当他在"家"中感到寂寞时，周恩来总是亲自安排，甚至亲自陪同他到中国各地去访问。无论是出行还是归来，周恩来每次都要亲自到机场、车站送迎。1975年，柬埔寨获得了解放，西哈努克终于回到自己的祖国。次年，他出任民主柬埔寨国家元首。当他得知周恩来逝世的消息时，悲痛万分。他曾要求去北京向周恩来的遗体告别，没能如愿。直到1979年1月，西哈努克亲王携夫人莫尼克公主和两位小王子又一次来到他的"第二故乡"。北京正是冬季，但他却依然感到温暖。朋友依然是那样热情，"家"依然是那样豪华、舒适和温馨，可西哈努克却好像心中有说不出的孤寂和缺憾，那是因为没有了周恩来这位毕生的老朋友。如果周恩来今天还健在，他一定会去机场迎接自己，一定会把自己送到家，然后有说不完的知心话。可是，现在……西哈努克和莫尼克公主在周恩来的遗像前献上鲜花，点着香，默默地悼念着……究竟是什么使一位异国的元首对周恩来有着如此的信赖，如此的深情，那是周恩来对朋友的爱，对朋友的情。

在外交工作中，周恩来不断告诫随员：国家无论大小，必须平等对待，而且越是小国越要尊重。1963年，周恩来出访加纳。动身前夕，突然发生加纳总统遇刺（未遂）事件。为了安全，按照国际惯例，可以取消出访。然而，周恩来却不顾危险，毅然前往，并建议取消加纳总统亲临机场的欢迎仪式。当周恩来式的握手出现在恩克鲁玛总统居住的城堡时，他已经用自己的实际行动赢得了加纳政府和人民广泛的钦佩和尊敬。

周恩来深深懂得外交工作的重要性，也十分明白自己的言行代表的是国家。所以，他对自己要求非常严格。一次，他去机场为某非洲国家元首送行，贵宾登机后，忽然狂风大作，雷雨交加，当时专机无法滑进跑道，仍滞留在停机坪上。对方在机舱里一再示意要周恩来回去，而周恩来却坚持站在雷雨中频频挥手，向客人致意，直到飞机起飞。还有一次，周恩来陪同外宾访问我国一海港城市，接待人员给他安排了一套大房间，而把另一套小些的房间给了外宾。周恩来得知后立即对此提出严厉的批评，并且立刻调换了房间。在长期的对外工作中，周恩来始终遵循着平等和尊重的原则，终于换来了深厚的睦邻之情。

1956年，周恩来首次访问巴基斯坦，受到热烈、隆重的欢迎。有一部落酋长主动要赠给周恩来"结盟兄弟的头巾"，巴官员认为不妥，理由是"美国副总统尼克松访巴时也没有这样的礼遇"。而酋长坚持说，中国总理来我部落访问，我要表达对中国领袖的崇高敬意。记者问酋长："如果艾森豪威尔或杜勒斯访问你的部落，你赠不赠头巾?"酋长回答："不!"

作为礼仪之邦的大国总理，周恩来总是不忘记普通人。每到一个国家访问，都要在离开这个国家时，向为其访问服务过的普通人告别、致意。他每次都要找到司机、宾馆和饭店的厨师、飞机机组人员、保安人员，向他们亲自表示感谢。

周恩来一生对中国的外交事业做出了巨大贡献，他的外交思想是立足于面向世界人民的。因此，他给全世界千千万万不同语言、不同肤色的人民留下了难忘的印象。在世人的眼中，周恩来是一个感人至深的人，他说话的态度，他英俊的形象、明亮的眼睛、高雅的举止、独有的气质、潇洒的风度，都使人感到一种无法抗拒的魅力。周恩来与历史同在，与未来同在；周恩来与世界同在，与人类同在。时间可以流逝，大地可以荒老，周恩来的名字永远不会被人淡忘。周恩来的品德，周恩来的风范，周恩来的人格，周恩来的精神，已经铸起了华夏之魂。多少人因周恩来而知道中国，多少人因周恩来而了解中国，多少人因周恩来而热爱中国。周恩来属于中国，更属于全世界!

普通劳动者

1958年，在大跃进的火热年代，北京十三陵水库工地也在进行热火朝天的施工。5月25日下午3时，毛泽东、周恩来、朱德等党和国家领导人，顶着烈日来到水库工地，和广大工地建设者一起参加劳动。

毛泽东和周恩来等领导先观看了水库的全景，视察了工程全貌，随后来到现场指挥所。工地的同志拿来笔墨纸砚，请领导同志题词。毛泽东挥毫写下了“十三陵水库”五个大字，周恩来写下了“鼓足干劲，力争上游，多快好省地建设社会主义”的题词。

接着，毛泽东、周恩来等领导来到工地参加劳动。周恩来来到工人当中，和大家一起排成长队，往大坝上传递土筐和石料。装筐的同志怕周恩来身体吃不消，故意少装一点。周恩来笑着说：“都装得这么少，大坝什么时候才能长起来呢？”

传完筐，周恩来又去挑沙子。只见他挑起一副装得满满的柳条筐，朝着大坝大步流星地走去。在场的工人都露出了钦佩的目光。

傍晚6点40分，西边的晚霞映红了整个工地。毛泽东和周恩来等中央领导同志离开工地。工人群众簇拥着他们，依依不舍，挥手告别。大坝上响起了“一定要提前修好十三陵水库”的震天动地的口号声。

6 月的北京，骄阳似火。一天，周恩来带领国务院各部领导 300 多人，又一次来到十三陵水库工地参加劳动。这一次，他们和工地的群众同吃、同住、同劳动，共同战斗了一个星期。

劳动的第一天，烈日当头，周恩来高举着一面红旗走在队伍前头，精神抖擞地向工地进发。

到了大坝脚下，工地指挥部的同志给大家分配完任务后，对领导同志们说："我们欢迎首长们……"周恩来立刻打断他的话，认真地纠正道："这里没有首长。没有总理、部长、司局长的职务。在这里，大家都是普通劳动者。"王震接过话题，诙谐地说："现在你是首长，我们是你的部下。"

随着一声令下，周恩来和大家一起开始了紧张的劳动。工地上一片龙腾虎跃的繁忙景象。

■ 周恩来在十三陵水库工地参加劳动

他们的主要任务是为水库大坝准备石料。只见周恩来穿一身灰布衣、旧布鞋，弯着腰和大家一起搬石头。他的右臂受过伤，不能完全伸直，搬石头时要靠左手用力，遇到大块的石头，他就要完全俯下身把石头抱起来，很吃力。推车的同志看到总理汗流浃背的样子，生怕累坏了他，故意在推车回来时放慢了速度，周恩来马上提出“抗议”：“我们窝工了！”

周恩来装完这辆车，又装那辆车，趁推车的同志没注意，他又推起了小车。汗水浸透了衣衫，他索性把衣服扣子解开，继续前进。风吹着他的衣襟，潇洒飘逸。他矫健地推着小车，走在不到一尺宽的木板小道上，又稳又快……

周恩来的行动给大家树立了榜样，大家的干劲越来越大。一会儿，他又和大家一起传递起石头。石头被太阳晒得火热，但大家的热情更热。他们风趣地把大石头叫做“西瓜”，把小石头叫做“香瓜”。在劳动的队伍中不时传来一声声吆喝：“嘿！来了一个大西瓜！”“嘿，又来了一个小香瓜！”工地上的气氛既热烈又欢快。有的同志看到周恩来年纪大了，故意放慢传递速度，或把小块的石头传给他，他不停地催促：“加快速度！来个大的！”人多力量大，石头一会儿就堆成了一座小山。

和周恩来一起参加劳动的领导同志，平均年龄达45岁，周恩来已经60岁了。因此，大家尊敬地称他们为“黄忠队”。

休息的时候，大家围坐在一起。一位老同志朗诵起了他自己作的诗：“老头大队跨东风，赛过当年老黄忠。双手搬起一座山，水坝修到白云中。”话音刚落，响起了一阵热烈的掌声。这时，一个年轻人组成的拉拉队叫开了：“欢迎黄忠队集体来一个，要不要？”

这下可给“老头儿”们出了难题。有人说：“唱歌，那是20年前的事啦，现在老了，不行啦！”周恩来马上站起来给大家“打气”：“只是前20年能唱，后20年就不能唱？这不是有点‘暮气’吗？有点干劲不足嘛！”他鼓励大家：“拿出延安精神来，唱一个！”他亲自指挥，组织大家唱《社会主义好》。

愉快的歌声伴着笑声在工地的上空回荡。大家在老同志的精神鼓舞下，干劲冲天。大坝就像雨后出土的幼苗，一个劲儿地往上长。

在工地劳动时，周恩来和大家一样，住在一间简陋的平房里。屋里只有一张用两条板凳架起来的木板床，一张旧三屉桌和两张油漆脱落的木椅子，此外什么也没有。他每天和大家吃一个食堂的大锅饭，从不搞特殊。来工地时，他身边只带了一个警卫员。有人建议他带一位医生，可他怎么也不同意，他说："到了工地，一点也不能特殊，参加水库建设的有工人，有农民，有解放军，有干部，他们就不生病？不用说经过劳动，我的身体会更好，即使有点毛病，应该和大家一样，请工地的医生看看就是了！"到工地后，他和大家一样每天劳动八个小时，从不迟到早退。还嘱咐身边的警卫员说："到了这里，一切都要按这里的规矩办事。"

劳动一天，大家都休息了，周恩来还要继续看书、批阅文件，常常工作到后半夜。警卫员多次劝他早点休息，可他总是笑着说："在家里事多，到这里主要是劳动，应该尽量挤时间，多学习一点，多看点东西。"他还常常在深夜去厨房慰问加班加点工作的炊事班的同志，感谢他们为大家付出的辛勤劳动。

他在来工地之前，曾对一些担任领导职务的同志说："我们来参加劳动是为了改变一种风气，造成一种风气。""就是要创造出一种热爱劳动，上下之间完全平等，大家互相协作和毫无隔阂的新风气。"他是这样说的，也是这样做的。他的模范行动，不仅鼓舞了工地广大干部群众的斗志，也为我们今天的广大干部群众树立了光辉的榜样。

俭朴的生活

作为一国之总理，周恩来在生活上十分节俭。无论是在战争年代还是和平环境中，他几十年如一日，始终保持着一个无产阶级革命家勤俭节约、艰苦奋斗的崇高本色。

周恩来的房间永远是那样简单、朴素。面积不大的房间里，只有两张普通的铁床和一对衣架。床上，一条四周已磨坏的普通绒毯和一条褪了色的毛巾被，虽然都已用旧，却总是叠得整整齐齐、干干净净。

他从来不多花国家一分钱，就连出国必需做的衣服都是自己掏钱，不让公家报销。

北京市人民服装厂的工人师傅，为周恩来服务了 20 多年，他们为周恩来做过几件新衣服屈指可数，可是给周恩来修补过多少次衣服却已经记不清了。20 多年里，周恩来没有做过一件新大衣，就是两件旧大衣，也是经过多次修补的。不论是出国访问，还是到各地视察工作，总理都穿着它。

周恩来有一件青年时期在法国留学时穿的旧西服，几十年以后已经小得不能再穿了，但他还是舍不得丢掉，而是让服装厂的师傅想办法改成一件中山装。老师傅们怀着对周恩来的崇敬，想方设法进行拼接改制，仅仅是中山装的一个兜就拼了四小块。为了使接缝不显眼，负责织补的师傅又精心地进行了穿织，终于改制成一件合体的中山装。周恩来对工人们的精巧技艺十分赞赏，穿着它到祖国各地去视察，还在长江大桥上拍下照片，让秘书送给工人师傅。工人师傅们曾多次精心挑选出周恩来喜爱的料子小样，托秘书带给他，希望他能做几套新衣服。可是周恩来一直没有答应。直到临终时，他还穿着一套旧衣服。

周恩来的一套睡衣和睡裤还是 1951 年做的，一穿就是 20 多年，已经补丁摞补丁。白底蓝格的绒布已经磨得看不出颜色，变成无格无绒的白布了。由于他有睡前坐在床上办公的习惯，所以睡衣的背部都被床磨得又薄又破。开始还是一个小洞，渐渐变成了大洞。工作人员补了又补，实在补不了时，就索性把整个衣服后片换掉。再磨破再补。就这样一套补丁摞补丁的睡衣，周恩来也舍不得丢掉，一直穿到去世。

周恩来有一件白衬衫，领子和袖口都已经磨破了，他让工作人员把领子和袖口换一换，又穿着它到各地视察、接见外宾了。

他的袜子，只只都带补丁。尤其是脚掌和脚跟处，都是缝了又缝，补了又补。他的补袜板还是解放战争时期用的，从西柏坡一直带到北京。几乎每个星期他都要让卫士们给他补一两次袜子。卫士们都养成了习惯，只要周恩来一上床，就检查他的袜子，发现破了，马上拿去补。经过这种锻炼，周恩来的卫士们缝缝补补的手艺都很高超。

周恩来在夏季总穿一双黄颜色的皮凉鞋，春、秋、冬三季总穿一双黑皮鞋。这两双鞋已经穿了 20 多年，鞋底和鞋带换过多次。由于周恩来没有多余的皮鞋可换，所以每次工作人员为他换鞋底，都要利用他睡觉的时间。

周恩来的毛巾都用得没有了绒毛，对着光一照直透亮，就像纱布一样。时间久了磨出了洞，等洞磨得越来越大时，他就把毛巾从中间剪开，两边对接以后再接着用。他用的漱口杯、牙刷、香皂，都是普普通通的大众用品，他习惯用自己的牙膏和力士牌香皂。当年的力士牌香皂碱性大，没有香味。卫士曾经给他买过一块檀香

■ 周恩来穿了20多年的睡衣裤

皂，还挨了他一顿批评。

周恩来每次出国访问都随身带着这些常用的衣物。由于他的衣物都很破旧，所以在国外时，他的衣服都不拿到外面去洗，也不在下榻的国宾馆洗，以免造成不好的影响。而且这些衣服如果用洗衣机洗，肯定会被搅烂。所以出国时，周恩来换洗的衣服都交给所到国家的我大使馆，请那里的女同志帮助洗，一般都是由大使夫人亲自洗。曾经有许多大使夫人看到周恩来穿的衣服竟如此破旧，被感动得流下泪来。

有一次，周恩来到埃及访问，当时中国驻埃及大使是陈家康。他的夫人徐克立在给周恩来洗衣服时，看到总理竟穿着如此破旧的衣服，心里很难过。她一边洗一边生气，她要当面去责问周恩来身边的工作人员，为什么总理的衣服都穿成这个样子还不给换新的？

徐克立带着洗好的衣服来到宾馆，见到周恩来的卫士长成元功就冲他发火："你们简直不像话！"成元功被骂得莫名其妙。徐克立抖开周恩来的衣服，朝着成元功大动肝火："你看看，你都看看！这种旧衣服，连我们使馆的工作人员都没有人再穿了，你们就让总理穿这样的衣服？太不像话了！我们要给总理做衣服！"

徐克立与成元功比较熟悉，所以说话直来直去，丝毫不留情面。成元功苦笑着说："难道我们不想给他做新衣服吗？可你能说服得了他吗？"徐克立气呼呼地说："那不行，后面还要走好多国家，穿这样的衣服怎么行呢？"说着，她从包里拿出三件在国外买的新衬衣，递给成元功说："我和陈家康用自己的钱买了三件衬衫。我们知道总理的习惯，这不是花公家的，是我们送他的还不行吗?”成元功说：“我们去说，总理肯定不会听的，最好你自己去给总理说吧!”徐克立拿着衬衣去找周恩来，当面向周恩来提出了她的意见。周恩来听后，笑了笑说：“我还有衣服嘛!”徐克立说：“这是我们拿自己的钱给你买的。”周恩来说：“你们的钱哪里来的？还不是国家的外汇吗？我要做衣服，在北京就做了，用不着花外汇在国外买。再说，我也有衬衣。你问他们有没有?”他指了指卫士，又说：“破一点儿也能穿嘛!”徐克立坚持要把衬衣留下，她诚恳地说：“这三件衬衣，交成元功带上。如果用不着，回北京再退给我。”成元功只好代周恩来收下了衬衣。可周恩来就是不穿。他说：“你们拿回去你们穿!”后来衬衣带回国后，周恩来也始终没有穿。

■ 周恩来穿了 20 多年的皮鞋

周恩来就是这样一个人。身为国家总理，曾为国家建立过巨大的功勋，而自己却始终过着俭朴的生活，从不多花国家一分钱。

心系人民

一个真正的人民公仆，必定是全心全意为人民服务，时刻想着人民，把人民群众的安危冷暖放在心上。周恩来就是这样一位真正的人民公仆。

身为总理的周恩来从不忘记人民群众的切身利益，关心人、体贴人、尊重人、理解人是他一生的自觉意识。他经常到全国各地走访，了解经济建设情况，体察民情。

1960年初，周恩来视察海南岛。他想化装成普通老百姓，去百货大楼看看。大家不让他去，劝他说："你的目标太明显。"周恩来却说："不要紧，化化装，或戴个大口罩不就行了吗。"

看他那样执著，警卫人员也做不了主了。他们只好给警卫局打电话请示。警卫局领导坚决不同意，要求制止，说："可以等关了门再去。"周恩来说："那我去干什么？我就是去看看群众，你们不能把我同群众隔开。隔开了，还有什么意思，我不去了。"

后来，只好达成了妥协的方案，稍晚一些时候，百货大楼的顾客少一些再去。

周恩来总是把自己置身于人民中间，关心群众的衣食住行。

50年代初，刚刚解放的北京，城市建设还不完善。群众反映乘车比较困难。1954年冬的一个下午，正值下班乘车高峰时间。周恩来对身边工作同志说："群众反映现在北京市公共汽车拥挤很厉害，上下班要在路上浪费一两个小时，今天咱们去乘公共汽车，了解一下情况，你们不要告诉保卫部门。”说完，他披上大衣，与工作人员一起走出中南海北门，到对面的北京图书馆附近的公共汽车站等车。公共汽车进站了，上下车的人很多很挤。周恩来等大家都上车后最后一个上去。汽车开动后，过了几分钟，一位乘客突然大声说：“哎呀！这不是周总理吗?”乘客们纷纷涌过来：“总理?”“总理!”车厢里沸腾起来了，有人站起来给周恩来让座，有人把手伸过来。周恩来向大家挥动手臂说：“请坐！请坐！别挤！别挤！不要动!”乘客们执意让周恩来坐下，但他坚决不肯。这时，一位乘客过来，握住周恩来的手，激动地说：“总理，您那么忙，怎么还来坐公共汽车?”周恩来笑着说：“我也来体验一下你们的生活嘛!”随后，他与群众亲切地交谈，询问他们的生活情况、工作情况、居住情况以及每天上班在路上要用多少时间。

汽车行驶了几站之后，不断有人上前和周恩来交谈。这时，随同周恩来的工作人员对他悄声说：“总理，公共汽车上的情况就是这样了，咱们赶紧回去吧。”但周恩来却执意再坐一会儿。

下了公共汽车，又换乘无轨电车。就这样，几个小时过去了，周恩来绕了大半个北京城。

调查回来之后，周恩来很快召集有关部门的人员，研究解决北京市内交通拥挤问题。他详细地提出了要求和建议，如在街道上标明人行横道线，加粗标清快车道和慢车道之间的白线，在繁华路口的马路中间设安全岛，在光线暗淡的十字路口设置红吊灯，机动车上安装反光镜，等等。

1973 年 6 月，75 岁高龄的周恩来陪同外宾来到延安。当年离开时正值英年，而今已是两鬓斑白的周恩来深深怀念着这块土地，能够在阔别 26 年后又回“故乡”，他的心情无比激动。

“我又回到老家了。”这是周恩来下飞机后的第一句话。随后，他来到毛泽东当年的故居。一进枣园，周恩来就询问当年的老邻居高同有在不在。当他看到高同有由女儿搀扶着走来时，赶忙迎

过去拉着他的手，同他亲切地聊了起来："今年该多大年纪了？""七十了。"高同有说。周恩来用手比了个六说："你比我小六岁。"听说高同有患有哮喘病，周恩来关切地问："看了没有？睡眠好不好？"

临上车了，周恩来又过来特意与高同有话别："好好治病，好好活着。"上车后，他又伸出头来叮嘱老汉的女儿："你要照顾好老人家。"

周恩来最关心的是延安人民的生活情况。他利用中午吃饭的时候，特意和延安的同志坐在一桌，详细询问群众的生活状况。当他听说有些地方还没有解决温饱问题时，心里非常难过。

当天晚上，周恩来召开省、地负责人会议。会上谈到老区人民的生活，他伤心地哭了。他动情地说："延安人民用小米养育了中国革命，我们进了城，把你们忘了。我是总理，当家的，这个家没当好，我对不起你们啊！"他问大家："三年农业变面貌，五年粮食翻一番，行不行？"在座的同志都说有这个决心，他听了十分高兴。周恩来当即向大家提出要求："第一，要把团结搞好；第二，要赶快把生产搞上去。等你们粮食翻一番，我如果第一不死，第二不犯错误，一定再来延安！"当天深夜，周恩来还在灯下看延安的材料。

回到北京以后，周恩来亲自主持并成立了首都支援延安办公室，从财力、物力、人力上支援延安的建设。

在他的关怀下，延安经济开始好转。延安的同志每年都向周恩来汇报落实规划的情况。

周恩来就是这样，时刻关心人民群众，为人民群众着想。

周恩来胸前挂着一枚纪念章，上面写着"为人民服务"，他用他的行动实现了他的诺言。

■ 1973 年 6 月，周恩来在延安与高同有及其女儿亲切交谈

办公室的故事

中南海西北角有一所院子，叫西花厅。新中国成立后，它成了开国总理的住所和办公的地方。这所院子曾是中国末代皇帝溥仪的父亲摄政王载沣王府西花园的一部分。40 年代末，它已失去往日的气派，显得十分破旧。周恩来选择西花厅，据说有两个原因：一是院里有个不染亭，可以时常提醒人们洁身自好；再就是这里的海棠树吸引了他，每年春天，海棠花开的时候，抽空在这里散步，是周恩来夫妇最轻松快意的时候。1949 年秋，周恩来搬进这所院子，在这里操劳国事，日理万机。他是中南海里睡得最晚的领导人之一，在 26 年的总理生涯中，周恩来的大部分时间在这里度过。

周恩来的办公室布置得简朴实用。房间北墙正中的自制木架上，端放着一尊毛泽东的半身石膏像。两边靠墙立着四个书柜，里面整齐排列着马恩列斯著作和毛泽东选集以及各种工具书。三张方桌拼成的长会议桌，占去办公室大部分，绕桌放着十张硬木凳。周恩来常在这里召集副总理或部长们谈话、开会。周恩来的办公桌是两面有抽屉的写字台，上面总是堆满待审批的文件。办公桌上除了笔墨、台历等办公用具外，还有三件“宝”，那就是袖套、老花镜和清凉油。

周恩来走到办公桌前，第一件事就是仔细戴好袖套，一手架上

■ 周恩来在西花厅的办公室

老花镜;一手去拿文件,“正式”办公就开始了。这间办公室利用的高峰时间是在晚上十点以后。当周恩来结束了一天的活动,晚上匆匆赶回西花厅时,秘书们纷纷聚集到办公室来,把周恩来不在时收到的文件、电报、材料等送来让周恩来批示。

周恩来办公时第一个特点就是亢奋。它具有一种感染力,弥漫在整个办公室里,影响着每一个人。在办公室里常常能听到他急切的问话:“电报什么时候收到的?”“中午。”“为什么现在才送来?”“您一直在忙……”“这是不允许的!我说过多少遍,主席有事要立刻报,有灾情有重大事情要立刻报,不管我是休息还是忙,必须立刻报,为什么拖了半天?”

周恩来办公的第二个特点是严谨、认真。经他手下发的文件,无论引文、数据,甚至每个字,他都亲自查阅核对。正是由于周恩来对待工作严谨、认真的态度,才避免了许多失误的发生。

周恩来办公的第三个特点就是忘我。他往往可以连续七八个

小时伏案批阅文件。这期间，他处于一种忘我的境界中。超过十小时后，由于疲劳，他就开始大口大口地喝浓茶提神，待到茶也失去效力的时候，他就会突然站起身围着办公桌边揉眼窝、太阳穴，边快速走动。每逢疲劳过度时，周恩来经常会流鼻血。在抗美援朝最紧张的阶段，周恩来三天三夜没合眼。夜里，他的鼻子大量出血，血渗出棉球往下淌，堵都堵不住。警卫人员再三劝他休息，可他坚持要等前线的一个特急电报，卫士想强迫他去睡一会儿，他突然发火了："胡闹！你怎么就想不到要为我们的志愿军战士负责？"由于生气，他的鼻血淌得更厉害了，卫士心疼得哭了起来。周恩来抹一下鼻血，口气缓和了下来："我可能严厉了一些。可你想过没有？我们有千万志愿军战士在朝鲜前线流血牺牲，我流这点鼻血又算得了什么？我现在去休息，耽误了电报，对得起志愿军战士吗？"就这样，直至收到前方电报，又签发了复电，周恩来才服药休息。

翻开周恩来自1950年1月1日到1976年1月8日使用过的台历。可以清楚地看到上面一小时接一小时，一天接一天，记的都是各项工作安排，唯独找不到吃饭时间的安排。由于工作繁忙，时间不固定，周恩来难得坐下来与邓颖超一道吃饭。一次，邓颖超终于有机会和周恩来一起吃饭，坐在餐桌旁，她一边给周恩来夹着菜，一边和周恩来说上几句家常话。这时，秘书们不断地进来请示，邓颖超为了能给周恩来多留点吃饭的时间，只得将要说的话又咽了回去，看着秘书们频繁汇报、请示，看着周恩来不断批示，只能抽空往嘴里拨口饭，邓颖超心疼地皱起眉头。她放下筷子，默默地看着周恩来，好久好久都没有移开自己的目光。

周恩来晚年患病后，身体状况愈来愈差。为了批阅大量的文件，不得不经常在床上办公。起初他是把文件抱到床上，背靠在床头上，两腿一弓，拿起文件，在腿上边看边批示。有时由于长时间工作，手累得直发颤。邓颖超看在眼里，疼在心里。于是，她便请木工按自己的设计做了一张小床桌。小床桌一边高，一边低，放在床上，面向总理呈一个斜面，使总理可以靠坐在床上工作。桌面四周还加了边框，使文件不致散落到床上，减少了用手扶文件的力量。这张小床桌伴随着周恩来不知度过了多少不眠之夜。

周恩来不仅是忘我工作的楷模，更是廉洁奉公的典范。他的办公室由于年久失修，显得十分破旧，可周恩来一直不允许修饰他的办公室。工作人员见办公室天花板的灰皮已经脱落，又是花砖地，怕周恩来受凉。在1959年，乘周恩来到外地出差的机会，把灰顶改成板顶，安装了吊灯，花砖地也改成了木地板，还油漆了门窗，换了新窗帘。周恩来回来后，对工作人员进行了严厉批评，直至把可以复原的都复原，才进去办公。就是这样，周恩来还嫌修得太好。为此事，他多次在国务院的会议上作了自我批评。

周恩来从不允许给他添置办公用品。工作人员想给他买个台灯，他说：我们有工人，可以自己做嘛。于是请国务院机关的电工做了盏落地式台灯。他办公桌上的文具盒，是工人用五合板做的，墨盒和镇尺，是解放军战士用打下的美国飞机的残片做成后送给总理的。装铅笔的两个笔筒，一个是价钱最便宜的普通玻璃杯；另一个乳白色山水玻璃笔筒已破裂，里外用橡皮膏黏合后仍在使用。

在周恩来办公桌的文具盒里，总放着一盒普通的清凉油。清凉油虽普通，却是周恩来不可缺少的"办公"用品。漫漫长夜，困倦袭来，浓茶失去效力，他便在太阳穴上擦一点清凉油，使自己重新振作。不但办公室要用，而且回到卧室也要用，久而久之，一盒小小的清凉油，成为周恩来与睡魔和疲劳作斗争的有效武器。

周恩来患病后，非但不休息，反而更加忘我工作。周恩来身边的工作人员，特意在办公室为他放置了一张单人木板床，希望他太累的时候休息一下。但周恩来却从来也没有在这张床上躺过一次，木板床成了他堆放文件的地方。周恩来得病后，毛泽东非常关心周恩来的健康，特意派人送去一个单人沙发，希望他能得到休息。然而，这时的周恩来不愿为自己的身体健康和延长生命再去花费任何时间，他以超人的毅力顽强地和死神拼搏着，用宝贵的分

分秒秒为党为人民加倍工作，直至耗尽最后的心血和精力。

西花厅，多么令人难忘的地方，多么令人怀念的地方！海棠花年年盛开，年年鲜艳，年年送上心头的思念。想着周恩来那赏花的身影，仿佛就在昨天，就在眼前。

介绍程砚秋入党

程砚秋是我国著名的京剧表演艺术家，京剧“程派”艺术的创始人，深受广大观众的喜爱。抗日战争时期，北平失陷后，他因为拒绝为日本侵略者义演，而受到敌人的搜捕迫害。他从此退出剧坛，在北京西郊青龙桥隐居务农，直到抗战胜利，始终保持着中华民族子孙的高尚的民族气节。

周恩来认为，程砚秋在戏剧界有较大的影响，思想基础又比较好，应帮助他在政治上取得进步，为戏剧界人士指出努力的方向。

1949 年，北平解放后的第一个夏天。一天，周恩来亲自来到程宅，拜访程砚秋先生。当时，城内还比较混乱，程家前院仍住着国民党军队的家属，守门房的程砚秋的学生还误以为是又来号房的人。适逢程砚秋当时外出，其学生便说师傅为准备晚上到怀仁堂演出，到外面理发洗澡去了。周恩来给程砚秋留下一张字条，就告辞了。

程砚秋回家看到字条后，问徒弟为什么没有招待客人，徒弟竟然不知道那位衣着简朴的人就是周恩来。程砚秋遗憾地说：“我见过多少国民党的大官员，我看不起他们，像解放军这位大首长如此礼贤下士，少见少见啊！可惜没能亲自会会。”虽然两人未能见面，但程砚秋从这张便条中感到了共产党的亲切。

当晚，程砚秋在中南海怀仁堂后台化妆的时候，周恩来和邓颖超特意到后台看望他。程砚秋托着满是胭脂的手连忙站起来说："对不起，我手脏不能和你握手，你来我家，失迎得很。"周恩来笑笑说："哪里，我给你介绍一下，这位是邓颖超同志。"程砚秋正为后台很乱而不能招待对方感到不好意思，周恩来说"你忙吧"，便离开了后台。这一天里发生的事情，给程砚秋带来很大的震动。

此后，周恩来一直注意与程砚秋接近。1956 年，周恩来出访苏联，正逢程砚秋在苏联演出。周恩来找程砚秋谈了一次话。他问程砚秋为什么不入党，程砚秋表示自己还不够条件，缺点太多，在旧社会养成了个人奋斗等许多毛病。他把许多心里话坦诚地告诉了周恩来。周恩来听了以后鼓励他说，缺点是可以克服的，并与程砚秋分析了他进步的一面和不足之处。周恩来当即表示："我来做你的入党介绍人。"

程砚秋带着激动的心情回到北京。在北京，有一次他遇见贺龙。贺龙已经知道周恩来与程砚秋谈话的事，贺龙高兴地握住程砚秋的手说："砚秋，入党要两个人介绍，我愿意做你的第二个介绍人。"

程砚秋回到家，激动地把这件事对夫人讲，视此为平生最激动的事。

1957 年，宋庆龄给周恩来送了一些阳澄湖的螃蟹，周恩来借此约请程砚秋夫妇、贺龙夫妇到家里聚会，并派车接来程砚秋夫妇。饭后，周恩来、贺龙又同程砚秋谈起入党的问题，启发他注意谦虚谨慎，联系群众。程砚秋认真地倾听，他满怀信心地说："我觉得比以前进步多了。"贺龙坦率地对他直言："你说你进步多了，不行，得别人说才行。"

在周恩来的不断帮助下，程砚秋努力调整、改变自己的思想观念和行为，并有了强烈的入党要求。1957 年，在程砚秋按照规定履行入党手续时，作为介绍人之一的周恩来严肃、认真地填写了自己的意见和希望。

周恩来将这些意见和希望亲笔抄写下来，寄给程砚秋，帮助他认识自己，以继续求得政治上的进步。

这封信是这样写的：

砚秋同志

我在你的入党志愿书上写了这样一段意见：

程砚秋同志在旧社会经过个人的奋斗，在艺术上获得相当高的成就，在政治上坚持民族气节，这都是难能可贵的。解放后，他接受党的领导，努力为人民服务，政治上积极要求进步，这就具备了入党的基本条件。

他的入党申请，如得到党组织批准，今后对他的要求，就应该更加严格。我曾经对他说，在他被批准为预备党员期间，他应该努力学习，积极参加集体生活，力图与劳动群众相结合，好继续克服个人主义思想作风，并且热心传授和推广自己艺术上的成就，以便提高自己的阶级觉悟，发扬为劳动人民服务的精神。

现在把它抄送给你，作为我这个介绍人对你的认识和希望的表示。

周恩来

一九五七年十一月十三日

程砚秋收到周恩来的信以后，心潮澎湃，决心在入党以后，更加努力工作，绝不使组织失望。考虑了很久之后，写了一封充满感情的回信：

您的珍贵指示和对于我的愿望，感到兴奋极了。想了多日，真不知应用何种语言来回答。您再三说 30 年没有介绍人入党了，请放心罢，我永久忠诚遵守党的一切，有信心为人民去工作，不会使您失望的。专此，敬复

周恩来总理同志台鉴

程砚秋谨启

十二月三日

程砚秋三个月之后不幸逝世，未及完全实现他信中所言的抱

负。但是，通过这封信，他已经由衷地表达了自己对党和周恩来的真挚感情。

周恩来介绍程砚秋入党，流传下了一段佳话。

指导人民大会堂的设计工作

矗立在天安门广场西侧的人民大会堂，是国庆十周年十大建筑工程之一，也是十大建筑工程的核心。在中共中央和毛泽东作出加速首都城市建设的号召下，在周恩来的亲切关怀和指导下，在短短的时间内设计出像人民大会堂这样规模宏大的建筑，这不仅是中国建筑史上的壮举，在世界建筑史上也是罕见的。

周恩来为了贯彻毛主席提出的"百花齐放，百家争鸣"的方针，他邀请全国各地的优秀建筑师云集北京，共同讨论设计方案。周恩来特别强调："你们的建筑师里不仅要有老年人，还要有青年人，青年人没有框框，思想解放啊！"按照周恩来的意见，一个由老、中、青三结合的、具有勃勃生机的设计班子很快就建立起来了。

第一批方案很快就搞出来了，当时的设计人员当中，存在着各种学术流派，各有各的风格，各有各的设计倾向，大家都习惯于埋头单干。周恩来心知肚明这种情况，他对设计工作者说："大家要提倡互相学习，取长补短，把设计方案挂出去，请大家都来评论，这个人有的长处，那个人也可以借鉴，发挥集体的智慧才行呀！"正是在这种思想指导下，使设计工作打开了新的局面。

经过一个多月的设计，设计人员先后搞出 180 多张图纸。

1958年初秋的一天，周恩来在百忙当中抽出时间来审查第七次设计方案。他认真地翻阅每一张图纸，全神贯注地推敲。他在长期的革命活动中，曾走访过世界很多国家，在建筑方面有深邃的见地。在审查中，他进一步提出了自己的意见，详尽地指出哪一幅图纸的设计和哪个国家的建筑相似，需要进一步修改；哪一幅图纸有可取的长处，可以进一步发挥。他纵横比较，兼收并蓄，归纳出一幅“山”字形的平面图案。这个图案，吸收了各类设计方案的优点，容纳了全部预定的建筑设施，成为现在人民大会堂的平面雏形。它具有民族特点，又有时代风格。周恩来深刻的见解深深地打动了在座的每位设计工作者。在几次审查方案的过程中，他都充分发扬民主，走群众路线，终于设计出令大家都很满意的方案。这是周恩来和设计工作者共同智慧的结晶。

审查工作并未结束，周恩来指示说：“设计方案的下一稿要分送全国各省市广泛征求意见，包括征求港澳建筑界的意见，最后报请毛主席批准。”

人民大会堂的大门，排列着高高的大理石石柱，红色的柱础，淡青色的柱身，浮雕白莲盛开的柱头，高擎着飞檐上金碧辉煌的琉璃瓦，给整个建筑增添了高大挺拔的神采。尽管广场十分宽阔，从远处望去，这座建筑仍然显得巍峨壮观，这是独具匠心的设计。可是，在设计方案确定下来时，仍有少数设计者对这排廊柱的设计持有异议。一位建筑界的教授，单从书本出发，对方案提出指责。同志们认为方案已经确定，对那些非议不予理睬。当周恩来听到这些反映后，他又邀请大家再次发表意见。会上，周恩来请来了长江大桥和鞍钢的技术人员，他们提了很好的建议。那位教授也在会上讲个不停，他说各种建筑形式中最差的是“西而古”，人民大会堂的设计就是“西而古”。一句话把大家的设计成果全部抹煞。在场的同志都不耐烦了，周恩来却十分耐心地听着，然后说道：“先生说的‘西而古’，表现在哪些地方？”那位教授说的都是理论上成套的概念，当问到具体意见时，他便张口结舌，想来想去，才找出一个论据，说是柱头、柱础和柱身的设计“西而古”。总理听后爽然一笑，对负责施工的同志说：“既然先生对门柱有意见，请你们尽快做出模型，再请大家来议论。”

会后，周恩来还请大家进餐，他说：“我们应该使古今中外一切精华皆为我用。”“中国人民之所以伟大，就是能吸收世界上一切好的东西。”对于那有争议的门柱设计，不知花费了周恩来多少心血呀！为了让石柱色泽谐调，稳重大方，他从花色繁多的大理石中挑出“东北红”和“艾叶青”，作为柱础和柱身。施工的同志把石柱做成 10∶1 的模型，周恩来又抽出时间到天安门后边的陈列场地观看，还特意把那位教授请到现场，最后审定了柱头的式样。周恩来这种不厌其烦的态度，深深打动了那位教授，使他心悦诚服。

■ 毛泽东、周恩来等审查人民大会堂设计方案

1959年夏日的一天，周恩来出国归来。刚下飞机，他就打电话给有关同志，说是同国外看到的相比较，我们的柱础还要做得更加雄伟，要求再增高几十厘米。工程进入实物安装阶段，周恩来还亲临现场视察，他站在革命历史博物馆的工地，向人民大会堂眺望，良久，才舒了一口气说："这样好了！"

人民大会堂动工之后，遇到了一系列的建筑理论和建筑工艺上的难题。在建造万人大会堂的过程中，建筑师们就有过一番激烈的争论。建筑师们讲，像这样容纳万人集会的大厅，一走进去，人们就会感到自己很渺小，使建筑失去紧凑感。有人主张大厅里增加层次，可是楼上的席位离地面高达数十米，出现了"飞机座"；也有人主张把大厅缩小些，座位也相应减少。这个难题直接反映到了周恩来那里，他立即召集专门人才研究室内处理问题。设计工作者各抒己见，争论异常激烈，最后周恩来讲道："1万人的座位是从政治出发，一个也不能少！"接着，他又提出了一个发人深思的问题："天空很大，大海也很宽，可是人站在天空下，站在大海边，为什么并不感到自己渺小？"一下子把人们的思维带入了一个新的境界。这个生活的体验和建筑形式有什么关系呢？还是周恩来自己回答了这个问题，他说："因为天空是没有直角的，大海也看不到边，我们的万人大会堂能不能搞成水天一色，浑然一体呢？"这个难题就这样被周恩来用朴素的生活哲理一下子解决了。

现在的万人大会堂天花板中央，有一个葵花灯，装饰着三圈起伏扩散的波纹，增强了"水天一色"的感觉。这也是周恩来的杰作。

为了确保万人大会堂准确无误地施工，建筑师们做了一个很大的模型。大会堂平面是一个不规则的椭圆形，技术人员下了很大的功夫才计算出葵花灯所在的焦点。周恩来视察时，来回走着发现了问题。他用手一指，把葵花灯向前移到二层挑台的边缘。在场的同志恍然大悟，这是建筑学上的视差原理，竟被周恩来一语道破。周恩来就是这样重实地考察，亲身体验，一丝不苟。在周恩来的亲自指导下，在设计人员及建筑大军的共同努力下，经过十个多月的日夜奋战，建起了一座总建筑面积为 17 万多平方米，能容纳 1 万人的大会堂，巍然屹立在天安门广场的西侧。

为了向建国十周年献礼，1959 年 9 月，人民大会堂胜利竣工了。工程负责人请示周恩来命名的问题，周恩来很谦逊地说：“这不能由我来定，要请示主席才行。”

1959 年 9 月 9 日凌晨两点半钟，人民大会堂灯火辉煌。毛泽东面带微笑，兴致勃勃地来到人民大会堂视察。他对工程建设者的忘我劳动精神给予了很高的评价，他说：“这些同志不为名，不为利，这样努力工作，应该给他们立一个纪念碑。但是人数太多，碑上也写不了这样多的名字。我们应该提倡这种不为名、不为利的共产主义精神。”当万里提到周恩来曾讲过需请毛主席题名时，毛主席说：“那就叫人民大会堂吧！”从此，这一宏伟的工程就有了它正式的名称。

周恩来与“皇帝”和“皇族”

在中国历史上，有一位颇具传奇色彩的人物，他就是末代皇帝爱新觉罗·溥仪。

自古以来，改朝换代之后，对皇族旧臣必是株连九族。但是，在社会主义的中国，溥仪和他的家族过着安定祥和的生活。

周恩来不仅积极帮助溥仪实现“从皇帝到公民”的转变，对他的家人也给予事无巨细的关照。

1959年12月14日，是溥仪获赦抵京后的第五天，周恩来在中南海接见了他。与溥仪一同被接见的人有原国民党将领杨伯涛、杜聿明、宋希濂等人，溥仪是唯一与周恩来昔日没有部属或师生关系的，显得很拘谨。周恩来一一向他介绍在座的陈毅、习仲勋、傅作义等人，还亲切地与他拉家常。溥仪紧张的心情逐渐松弛下来。这次会见，对这位人人敬仰的总理，溥仪留下了美好的印象。

一个多月后，周恩来第二次接见了溥仪，并在政协礼堂宴请了他和他的家人。溥仪的七叔载涛、四弟溥任以及六个妹妹和几个妹夫一同参加。

周恩来把每个人的情况都问了问，很自然地和大家聊了起来。周恩来半开玩笑地和大家说，你们清朝的礼节特别多，见面老磕头。现在谁见着我，给我磕头的话，我觉着都是骂我。他还举例说，谭富英的夫人就敢于反抗那些封建礼节，她就不给公公请安什么的。在谈到溥仪的五妹夫万家熙是万绳轼家的后代时，周恩来说："我的母亲家里姓万，可能还跟你们是一家子呢！"周恩来自然风趣的谈话，使大家不再因为第一次见到总理而紧张。

周恩来重点与溥仪谈了如何巩固思想改造的成果问题。他说，当宣统皇帝，那是历史，但后来伪满那段就不行了。那一段要跟人民讲清楚。"把一个伪满的傀儡皇帝，最后转变成一个中华人民共和国的公民的思想转变过程写一写。"他支持溥仪撰写回忆录《我的前半生》。他说："你后几年进步了，但不能说巩固。改造，第一是客观环境，第二是主观努力。"1960 年正值中国处在困难时期，周恩来让溥仪正确对待暂时的经济困难。

在谈到溥仪的工作安排时，周恩来征询溥仪的意见："你想搞哪种工作？"溥仪说："想搞轻工业或在公社中都可以。"周恩来仔细了解了溥仪的知识基础、身体状况以及兴趣爱好等方面的情况，力图给他安排一个合适的工作。他说："我看找找各部的研究所，一半学习，一半做工。既照顾你的身体，也学一点自然科学。"在周恩来的精心安排下，溥仪分配到中国科学院北京植物园，做热带植物研究工作。

随后，在政协的餐厅，周恩来请溥仪家人一起吃饭。他说本想请大家到西花厅家里去，但因为正在修房子，所以就在这儿了。邓大姐身体有点不舒服，以后到家里，邓大姐还要见见大家。周恩来特意请大家品尝家乡的点心——小笼蒸包子，还准备了酒。

周恩来当时还要会客，秘书提醒他时，他说："再谈会儿，再谈会儿。"最后，在客人起身告辞的时候，溥仪与他最小的妹妹握手，向她致谢。由于很多年没有见面，溥仪错把妹妹当作政协的工作人员，惹得大家笑了。周恩来说："你们家里人也不常见。以后常在一块儿团聚一下，这是第一次。"

同年年底，在西花厅，周恩来又一次会见了溥仪及其家人。主

要就溥杰的婚事让大家统一一下思想。

溥仪的弟弟溥杰，娶了一位日本女子嵯峨浩为妻。溥杰特赦后，想接她回中国团聚。但是溥仪认为她是日本特务，再加上历史原因，就特别反对弟媳来中国。周恩来先问溥仪最小的妹妹爱新觉罗·韫欢的意见，韫欢说："我觉得日本的女子差不多都是从一而终，她既然能够等这么多年，不能没有别的想法，也是要跟我二哥团聚。"周恩来问其他家人的意见，大家基本都同意。周恩来说，咱们中国这么大，一个日本的女人咱们还能容不下吗？虽然中日没有建交，她来还是可以的。在周恩来的安排下，不久嵯峨浩与母亲、妹妹和女儿一同来到中国。周恩来特意邀请她们到西花厅作客，并安排她们到北京的名胜看一看。

■ 周恩来与溥仪夫妇交谈

自古清官难断家务事，但周恩来圆满地解决了溥仪的家庭问题，也为溥仪与溥杰解开了别人无法解开的疙瘩。

周恩来一直关注着溥仪的思想和生活。在一次与溥仪的谈话中，问及他在植物园工作的情况，溥仪满意地表示，喜欢那里的生活，熟悉了劳动，学到了知识，觉得很有意义。周恩来听了很高兴，表扬了他的进步。一年后，溥仪调入文史资料馆，从事撰写、整理、研究及编辑工作。

1961 年，溥仪等特赦人员，由劳动期间的每月 60 元生活费，提高为每月 100 元。溥仪无比激动地表示，感谢党和政府在国家经济困难时期给予的特殊照顾。

溥仪的"福贵人"已于 1957 年与他离婚，他一直过着单身生活。周恩来在会见溥仪和家人的时候，曾风趣地建议："你还得结婚啊！""这事你七叔得给张罗张罗吧！"载涛笑着对大家说："这一回就让他婚姻自由吧！"周恩来还不无幽默地说："你是'皇上'，不能没有'皇后'哟！"在同事和朋友的热心撮合下，溥仪结识了北京朝阳区关厢医院的护士李淑贤。经过一段时间以后，他们于 1962 年五一节前结婚了。

婚礼在政协文化俱乐部礼堂举行，200 多位宾客到场参加。周恩来由于另有活动，不能参加婚礼，特意派国务院副秘书长、总理办公室主任童小鹏参加。结婚以后，周恩来又给溥仪夫妇安排了一处房子，并派两位同志照顾他们的生活。溥仪自己学着劳动，做家务，买东西，过着和普通人一样的生活。

1964 年，在周恩来的关心和指导下，溥仪撰写的《我的前半生》出版发行了。书引起海内外的赞誉。一位外国学者说："本书是难能可贵的文献，它是第一部中国君主的自传。这位君主的一生，始自爱新觉罗的封建王朝，迄于毛泽东的共产主义。在人类历史上的国王和皇帝中，无人有过像他这样变化多端的经历。"

1967 年，溥仪因患肾癌在北京逝世。周恩来曾对一位日本客人惋惜地说："如果不是肾癌的话，一定会活得更长。"

周恩来曾经在一次活动中，将溥仪介绍给越南总理范文同并说，一个战犯皇帝、日本人的傀儡，能在中国，在党的政策的感召下，由一个皇帝，变成一个中国公民，全世界都没有这样的情况。

视察邢台地震灾区

1966 年 3 月 8 日，河北省邢台地区发生了强烈地震，人民的生命财产遭受了巨大损失。在这严重困难的时刻，周恩来冒着余震的危险，在震后第二天就赶赴灾区，为灾区人民带去党中央和毛主席的亲切关怀，增强了灾区人民战胜困难，重建家园的信心。

雪后的天气寒冷刺骨，在邢台地区的隆尧县，周恩来迎着寒风，踏上了颤抖的土地。

“周总理来了！”人们听到这激动人心的消息，都争相迎上前去，迎接总理。人们看到周恩来冒着余震的危险，亲自赶来慰问，都流下了感激的泪水。

当晚十点，周恩来正在和干部们一起商议救灾工作。突然，发生了五级以上的余震，房屋摇晃，门窗和楼板都发出“咯吱、咯吱”的响声。大家怕总理有危险，都劝他到外面去避一下，但周恩来坚持不走，他笑着对大家说，地震并不可怕。过去我们和日本帝国主义斗，和蒋介石斗，这次和地震灾害斗。我们要把坏事变成好事，做前人没做过的事，把抗震救灾的经验记载下来，留传后代。接着周恩来镇静地和干部们继续研究救灾工作。

3 月 10 日，周恩来亲自到灾情最严重的白家寨去慰问。当时，地上还在喷沙冒水，余震一阵接着一阵。大家都为他的安全担心，可他顾不上这些，跨过一条条一尺多宽的裂缝，穿过随时可能倒塌

的断壁残垣，来到了受灾群众中间。

白家寨的男女老少像潮水般从四面八方涌来。周恩来站在一个木箱上，亲切地对大家说："乡亲们，你们受了灾，损失很大，毛主席派我来看望你们，党中央很关心你们……"亲切的话语像暖流温暖了每一个人的心，泪水遮住了人们的双眼。周恩来向大家转达了毛主席和党中央的亲切关怀，讲了社会主义制度的优越性。最后，他挥动手臂，带领群众高呼："自力更生，奋发图强，发展生产，重建家园！"这四句话，鼓舞了灾区人民的斗志，给了人们无限的希望和无穷的力量。

讲完话，周恩来又冒着余震的危险，挨家挨户进行慰问。他穿过一堆堆断壁残垣，一个窝棚一个窝棚地查看、询问。逢人便问：煮米有没有锅？烧柴有没有灶？吃饭有没有碗？灾民们感动地说："敬爱的总理连我们吃饭的锅、碗、瓢、勺都想到了！"

走着走着，周恩来忽然看见一座倒塌了的屋门口站着一个小女孩，他赶紧走过去，把她抱起来，深情地问："你爸爸呢？你妈妈呢？"听到孩子说爸爸妈妈都在，周恩来才放心地把她放下来，抚摸着孩子的头，对村干部说："孩子是革命的接班人，要很好地照顾。""一定要带好娃娃！"

3 月 22 日，邢台又一次发生强烈地震，周恩来再次赶到灾区。4 月 1 日，周恩来风尘仆仆地到隆尧县的东汪村。当他听说东汪公社有个临时医院，里面有 100 多名伤病员时，便决定去看望他们。途中经过一块麦地，麦苗正在返青。周恩来关切地对身后的同志说："不要踩坏麦苗。往后传！"

周恩来走进临时医院，来到每一个铺位前，一次又一次俯下身子，向躺在地铺上的伤病员问候，和他们亲切握手。伤员们看到总理在百忙中还亲自来看望他们，都激动得流下了泪水。周恩来走到骨盆严重受伤的老贫农贺全胜身边，蹲下来紧紧握着他的手，撩起他的褥子，亲手摸摸铺得厚实不厚实，又轻轻掀起被子，仔细查看伤情。贺全胜流着眼泪，激动地说："总理呀，亲人解放军把我救出来。您整天为我们操劳国家大事，工作那么忙，还亲自来看我们，这可叫我们怎么报答您的恩情！”周恩来握着他的手亲切地说：“解放军是为人民服务的，我也是为人民服务的。我们都是人民的勤务员。”

那天下午，周恩来又赶到了何家寨。当时正刮着六七级大风，田野上黄尘滚滚。村民们迎上前来激动地说：“俺们受了灾，把您老人家惊动来了。”周恩来爽朗地说：“为人民服务，应该。”他站在卡车的拖斗上向群众讲话，鼓舞大家克服困难，战胜灾害。他让群众背着风，自己迎着漫天的风沙讲话。口干了，就端起粗瓷大碗喝水。风沙太大，刚倒上的水就落上了一层灰尘，可他不顾这些，吹开上面的尘土就喝了下去。

他从早晨五点一直忙到晚上九点，一口饭也没吃，一分钟也没停，连续工作了16个小时。跑了两个县、四个村，嗓子都喊哑了。人们多次劝他吃饭，他总是说不忙，不忙，并一再嘱咐身边的同志说：“群众受了灾，已经很困难，不要再给他们添麻烦。”

■ 周恩来向邢台地震灾区人民讲话

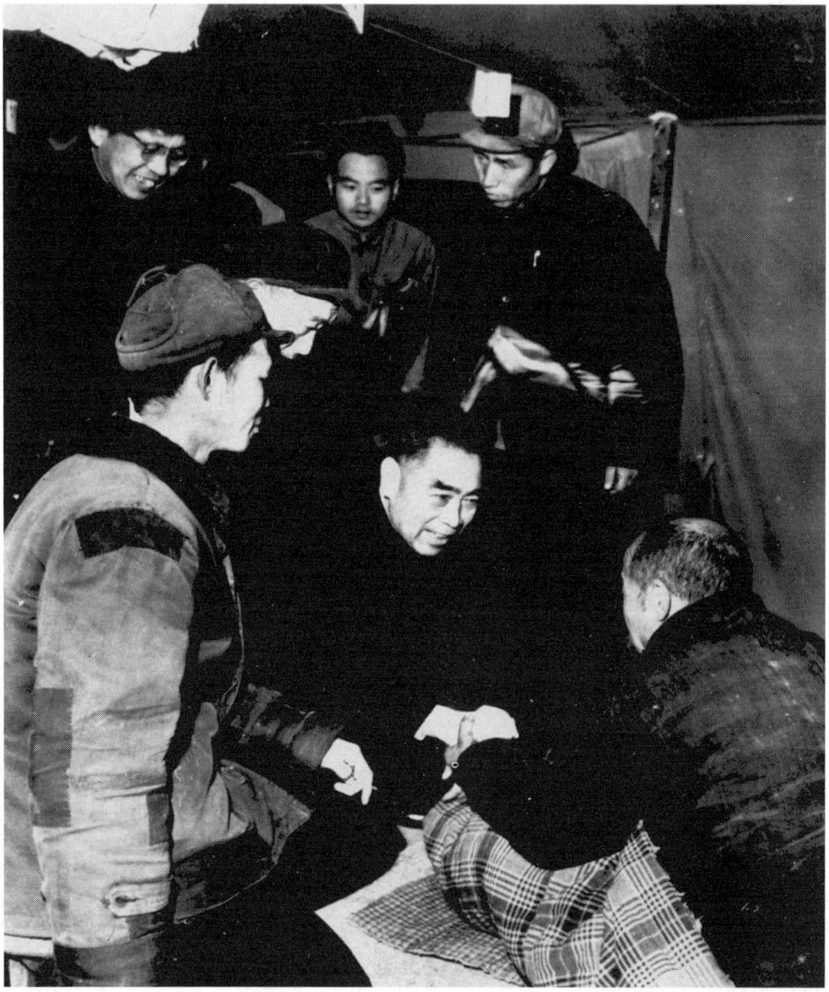

■ 周恩来在邢台地震灾区亲切慰问受灾群众

晚上，周恩来来到一个驻军的营房前，同志们恳求他到城里去用饭，可他坚持说："不必了，和战士们一起吃就行了嘛！"那天，总理的晚饭就是战士吃的家常烙饼和炒白菜。在场的干部、战士看到此情此景，心里无比激动，热泪夺眶而出。

周恩来在视察灾区后，还一直惦记着灾区的人民，关心着灾区的恢复和发展。他曾多次接见灾区代表，亲自听取汇报，做重要指示。灾区人民深受鼓舞，他们深情地说："周总理和咱们群众真是心连着心哪！"

周恩来关心李四光

新中国成立以后，周恩来一直对科技工作者十分关心和爱护。周恩来尊重他们，理解他们，关心他们在政治上、思想上的进步，从而赢得了科技工作者对他的爱戴和友谊。

周恩来与李四光建立的深厚友谊，就是一个典型的范例。

李四光与周恩来相识是在抗日战争时期。在重庆，李四光两次见到周恩来，这对李四光的一生产生了巨大的影响。周恩来向李四光介绍了中国共产党的政治主张，使他在黑暗中看到了光明。他情不自禁地对家人说："我从周恩来先生身上产生了一个最大的感觉：中国有了共产党，中国就有了希望。"

李四光鄙视蒋介石，曾拒绝蒋介石要他在政府中任职的要求。为此他受到了各种威胁，甚至可能受到迫害。周恩来建议李四光出国暂避一时。

新中国成立后，党中央和周恩来都盼望李四光能早日回到祖国，参加新中国的建设。1949年9月，身在国外的李四光被推选为全国政协委员，10月被任命为中国科学院副院长。周恩来亲自写信安排李四光回国事宜。

听到新中国的召唤，李四光毅然拒绝了随蒋介石迁移台湾的命令，冒着被国民党扣留、暗杀的危险，克服重重困难，经过大半年的辗转跋涉，终于回到了祖国。

在此期间，人民政府酝酿召开第一次全国地质会议，周恩来指示一定要等李四光回来再开。有人谣传说："李四光是不会回来的，他去台湾了。"周恩来却很有信心地说："我相信他不会去台湾，现在还没有回来，一定是给什么困难耽误了。我们一定等他回来再开会。"李四光回国后，听到周恩来这样信任他，深为感动，当即表示听从党和政府的安排，为祖国的地质事业奉献余生。

1950年5月，在李四光夫妇到北京的第二天下午，周恩来就到他们下榻的饭店亲自探望。当时，李四光正在埋头工作，忽然走进两位同志对李四光说："李先生，有位中央负责同志来看你。"李四光刚站起身，周恩来已经走进房间，他一把握住李四光的手高兴地说："你终于回来了！欢迎你，祖国需要你呀！"

看到总理在百忙之中还亲自来看望他，李四光十分惊喜，他端详着周恩来说："总理，你比前几年胖了。"周恩来笑了笑，又关切地说："我听说，你回国后心脏病又犯了，这可要抓紧时间请医生看看。"周恩来之所以这样讲，是因为他想起在重庆时，李四光因付不起药费，很少去医院看病，将微薄的收入节省下来，以备不时之用。周恩来坚持让李四光在担任新职务之前，请医生检查一下身体，然后好好休息一下。接着，周恩来又对李四光的夫人许淑彬说："许大姐，你的高血压怎么样，也要好好检查检查。这和在重庆那会儿不同了，我们有了人民自己的医院啦。"

李四光知道周恩来的时间很宝贵，忙借此机会向他汇报、请示地质工作问题。周恩来向李四光介绍了解放后的形势，要求他把当时仅有的200多位地质工作者组织起来，进行矿产资源的勘探和开发。周恩来称赞李四光不盲从外国权威，创建了自己的地质力学，把辩证法带进了地质学。又委婉地要求他，今后还要学习马列主义、毛泽东思想，把自己的世界观提高到辩证唯物主义和历史唯物主义的高度。

不知不觉他们已经谈了三个小时，时钟已过8点。周恩来起身告辞。送走了周恩来，李四光的心里久久不能平静。他的夫人

后悔地说:“时间这么晚了,也没请总理吃饭。”李四光这才想起看看表。他已经忘记了时间。

1952年,在周恩来的提议下,成立了中华人民共和国地质部。李四光被任命为部长。此后,李四光在周恩来的直接领导下忘我地工作,在地质事业上取得了辉煌的成就。

1957年3月,李四光因患肾病,在杭州疗养。一天吃过早饭,李四光和夫人正在院子里散步,一辆汽车停在山坡下,从车上走下一个熟悉的身影健步朝他们走来。是总理!李四光喜出望外,忙迎上前握住周恩来的手说:“总理这么忙,还来看我!”原来,周恩来正巧陪外宾到杭州参观,挤出时间来探望李四光。

周恩来询问了李四光的身体情况,然后告诉他,根据毛主席的

■ 周恩来与李四光亲切交谈

意见，党内很快就要开始整风。这次整风要动员党内外的力量，请党外人士帮助党整风。他要李四光考虑一下，有什么意见尽可以提出来。

周恩来的关心和信任使李四光深受感动，他向周恩来倾诉出深埋在心底多年的肺腑之言。原来，李四光很早就有加入中国共产党的愿望，只是总感到自己的条件不够。很惭愧在党领导全国人民争取独立和解放的艰苦环境中，自己没有投身到革命队伍中，感到自己无论阶级觉悟、世界观的改造和对党的贡献都很不够，加上年纪大了，身体又不好，入了党也不一定能起到一个共产党员的作用。因此，对是否提出入党要求始终犹豫不决。

周恩来听了李四光的心声，诚恳地对他说："革命不分先后，重要的是真正做到全心全意为人民服务。现在革命胜利了，很需要知识分子为社会主义事业工作。如果入了党，可以更直接地接受党的教育和领导，更好地为人民服务。"周恩来还说："入党是自愿的。"要李四光再好好考虑一下，可以和地质部、科学院党组织的领导同志再谈谈自己的想法。

半年后，李四光病重住院，医生初步诊断为恶性肿瘤。在他住院期间，周恩来三次到医院探望，询问病情，亲自审查手术方案，鼓励他安心治疗，战胜病魔。最后一次看望他时，周恩来又一次谈到他的入党问题。李四光诚恳地说："我的入党申请书已经写好了，请党考验我吧。"

1958 年，李四光终于加入了中国共产党。他激动地写道："我入党了，这是我一生中最愉快不过的事情！我活了 70 岁，到现在才找到了归宿。"入党后，他把全身心都投入到地质事业中，取得了许多重大成果，为我国的社会主义建设做出了突出的贡献。

1971 年 4 月 29 日，李四光的动脉瘤破裂，经医生全力抢救，终因医治无效，与世长辞。周恩来听到这个消息，心情十分沉痛。在"文化大革命"时期，知识分子没有地位，李四光的追悼会也被说成是"四旧"，改为"告别仪式"，又借口从简不准致悼词。在这种情况

下，周恩来亲自出席李四光的追悼会，用李四光的女儿给他的信代替悼词，亲自宣读，并为没有准备一份适当的悼词来追悼这位对国家做出重大贡献的科学家而表示歉意。

周恩来就是这样与广大的科技工作者肝胆相照，给了他们巨大的信任和支持，使这些奋斗在科技战线的知识分子，在我国的社会主义建设中发挥出了巨大的作用。

周恩来与宋庆龄的同志情谊

宋庆龄是伟大的中国民主革命先行者孙中山的夫人。共同的理想，使周恩来与宋庆龄结下了坚不可摧的革命友谊。周恩来与宋庆龄的深厚友谊要追溯到20世纪20年代。

几十年以来，无论是在炮火连天的战争年代，还是新中国成立以后的和平建设时期，宋庆龄都把周恩来当作中国共产党的代表和最知心的朋友，在中国革命的各个时期都给了我党巨大的支持和帮助。周恩来非常敬重宋庆龄，称她为“国之瑰宝”。

抗日战争时期，宋庆龄移居重庆。由于坚持同共产党人合作，她经常遭到监视、威胁，处境十分险恶。周恩来始终与她保持密切的联系，保护她的安全。最令宋庆龄难忘的一次会见是在1942年，她在家里为欢送董必武返回延安举行茶餐会。应邀出席的有周恩来和邓颖超、爱国将领冯玉祥和夫人李德全等。吃过饭后，大家围坐在壁炉前，畅谈国内外的形势。在壁炉架上挂着两串金灿灿的稻穗，在炉火的映照下十分显眼。这是宋庆龄到农民家里访问时带回来的。李德全兴奋地指着稻穗赞叹道：“你们瞧，多好看哪！这两株禾穗简直像金子铸成的一样！”“这比金子还要宝贵呢！”宋庆龄站起身，将禾穗托在手上继续说：“我们的国家自古以

■ **1955 年 7 月周恩来与宋庆龄在一起**

来就是农业大国，农民占全国人口的绝大多数，年年五谷丰登，人民才有好日子过。在几亿农民的心目中，这饱满的禾穗不是比金子还要宝贵吗?”大家纷纷点头称是。这时周恩来也激动地站起来，接过禾穗，在手上深情地抚摸着，他感慨地说：“孙夫人说得好，人人都有工作做，人人有饭吃，这一天不会很远；年年五谷丰登，人民有好日子过，会有这一天的。孙先生在《建国大纲》中提出的设想，会实现，一定会实现的！将来打下了江山，人民坐了天下，一定要把这两株禾穗画在中国的国徽上!”宋庆龄高兴地说：“谢谢，谢谢!”

就在这次聚会的七年后，中华人民共和国成立了。在新中国的国徽上，两株金光闪闪的禾穗，在天安门两旁熠熠生辉。

1949 年 7 月，邓颖超受毛泽东和周恩来的委托去上海，邀请宋庆龄到北京参加中国人民政治协商会议。北京是令宋庆龄最伤心的地方。1925 年，孙中山在北京逝世，那是她第一次来到北京。第二次是 1929 年南京中山陵落成，她到北京迎接丈夫的灵柩。从那以后，她再也没有去过北京。她对邓颖超说：“北京是我最伤心之地，我怕到那里去。”陪同邓颖超一起来的廖梦醒说：“北京将成为新中国的首都。邓大姐是毛泽东主席派来的，她是代表恩来同志特地接你的。”这番话使宋庆龄鼓起了勇气。她想：个人感情事小，国家大计事大，中共领导人对自己如此器重，不能再推辞了。于是她欣然同意前往北京。

在首届中国人民政治协商会议上，宋庆龄当选为中央人民政府副主席，成为新中国国家领导人之一。从此，她把精力都投入到新中国的建设事业中。她与周恩来的革命友谊也更加深厚，即使是在“文化大革命”那动荡的岁月。

1966年8月，宋庆龄得知父母在上海的墓地被红卫兵砸了，气得双手颤抖，泪如泉涌。周恩来得知这一情况后，立即给上海市革委会打长途电话，对此事进行了严厉的批评，并责令有关部门必须妥善处理。按照周恩来的指示，上海市民政局重新修缮了墓地，刻立了墓碑。不久，在周恩来亲拟的一份应予保护的干部名单中，把

■ 宋庆龄在昆明机场迎接周恩来出访归来

宋庆龄的名字写在了第一位。

当得知有些红卫兵要毁掉南京中山陵中孙中山铜像，冲击宋庆龄的寓所时，周恩来亲自出面对红卫兵做工作，他说："宋庆龄是孙中山的夫人。孙中山的功绩，毛主席在北京解放后写的一篇重要文章《论人民民主专政》中就肯定了的。他的功绩也记在人民英雄纪念碑上。南京的同学一定要毁掉孙中山的铜像，我们决不赞成。每年'五一'、'十一'在天安门对面放孙中山的像是毛主席决定的。孙中山是资产阶级革命家，他有功绩，也有缺点。他的夫人自从与我们合作以后，从来没有向蒋介石低过头。大革命失败后她到了外国，营救过我党地下工作的同志，抗日战争时期与我们合作，解放战争时期也同情我们，她和共产党的长期合作是始终如一的，我们应当尊重她。她年纪很大了，今年还要纪念孙中山诞辰100周年，她出面写文章，在国际上影响很大。到她家里贴大字报不合适。她兄弟三人姐妹三人就出了她一个革命的，不能因为她妹妹是蒋介石的妻子就要打倒她。她的房子是国家拨给她的。有人说：'我敢说敢闯，就要去。'这是不对的，我们无论如何要劝阻。"由于周恩来的及时干预，一场可怕的对抗才得以避免。

在"文革"期间，周恩来的处境也十分艰难，但他仍然全力保护宋庆龄。对此，宋庆龄十分感激。70年代初，周恩来身患重病，宋庆龄十分担忧。为了使周恩来早日康复，她把家里的鸽子蛋一个一个积攒起来送给周恩来吃。有一天，工作人员在宋庆龄住宅的湖里打上了一条23斤半重的胖头鱼，他们高兴地对宋庆龄说："首长，这鱼多大！今天晚上让李妈给您烧鱼吃，好补养身体。"宋庆龄说："谢谢大家，这条鱼还是先留着吧！"然后她嘱咐秘书："那条大鱼请你尽快送到总理那里去，总理现在更需要补养身体！"

1976年1月8日，周恩来与世长辞。宋庆龄十分悲痛。她常常一个人独自流泪，不住地叹息："国家少了一个好帮手，一个好帮手呀！"已是83岁高龄的宋庆龄抱病参加了周恩来的悼念活动，并发表了悼念周恩来的文章《怀念周总理》，以寄托她的哀思。她在文章中深情地写道："在人民耕耘的大地上，在人民呼吸的空气中，他将永远和人民在一起"，"他将永远是我们学习的榜样"。

周恩来与宋庆龄半个多世纪的友谊，充分表达了中国共产党与各民主党派人士合作的诚意和党对民主人士的关怀和支持。今天，这两位伟人都已离开了我们，但他们的伟大情谊永远留在人间。

周恩来与体育

新中国成立后，周恩来非常关心我国体育事业，他特别强调体育工作必须面向广大人民群众，要把过去作为少数人消遣娱乐工具的旧体育，改造成为为多数人健康服务的新体育。

60年代中，北京建造首都体育馆，从选址到设计方案，周恩来都亲自过问，详细部署。当时最初选址在复兴门外，要迁移一二十万居民。周恩来认为，不能让几十万人的生活受到影响。他说，市东南有了北京体育馆，市东北有了工人体育馆，再建馆要考虑到北京西郊人民的方便。根据周恩来的指示，最后选在了西外白石桥。

首都体育馆落成前，周恩来亲临馆内，详细检查了各种设备及场内灯光、音响效果。随后，他走上观众席，一直走到第四十排座位，坐在观众席上试试能不能看得清楚。在考虑体育场的停车场时，有的同志原先设想扩展到紫竹院公园。周恩来说，公园是人民的，不要占。他拿起铅笔，亲自在设计图上划出了现在停车场的位置。

在旧中国，我国竞技体育基础薄弱，运动技术水平也很低。新中国成立初期，运动员出国参加国际比赛也是战绩不佳。为了提高我国体育运动技术水平，周恩来倾注了很多心血。他经常抽空到运动员训练现场观看训练，与运动员、教练员一起交谈，一起探讨训练中的问题。他曾就中国女排的训练问题，多次与教练员、运动员一起商讨。五六十年代的日本女排，在大松博文教练的带领下迅速崛起，在世界排坛表现出很强的实力，引起了周恩来的关注。1964 年 1 月 24 日，周恩来观看了日本队在北京的比赛之后，第二天特意到现场观摩日本队的训练课。他从下午五点一直看到晚上八点钟。在观摩训练的过程中，周恩来与中国女排的运动员、教练员边看边交谈，提出了许多富有针对性和启发性的问题，并且具体提了一些对策和建议。在谈到防守训练的时候，周恩来说："人家练习防守是教练员用力向队员扣杀。大松打出的球，力量比比赛时的难度大多了，不然就练不出来。教练员要以身作则带着运动员干。……大松能这样同运动员一起练习，参加实践，这条很重要。"周恩来又与大家一起分析了日本女排的训练特点和优势，指出了中国女排存在的问题。他接着说："日本队训练时比打比赛还累。练习时难度这样大，比赛时就容易了。人家训练的每一种手段都有实际意义。训练刻苦，从难从严，比赛就能过硬。"周恩来要求中国女排学习日本女排的精神，提出训练要从难、从严、从实战出发。根据周恩来的指示，运动员、教练员在训练时一边找差距，一边遵守"从难、从严、从实战出发，大运动量"的"三从一大"训练原则。这很快提高了中国女排的整体水平，为女排的腾飞奠定了基础，使中国女排逐步进入今天的世界强队之列。

周恩来对广大体育工作者，不仅关心他们的训练和比赛，也关心他们的思想和生活，并引导他们钻研科学文化知识，提高个人素质，为他们排忧解难。

1961 年春天，周恩来观看了中国男子篮球队与苏联篮球队的比赛。球打输了。第二天，周恩来宴请一位来访的外国元首，并且邀请男篮队员钱澄海等人参加。队员们又激动又紧张，既想见到总理，又觉得前一天没打好比赛不好意思。当周恩来来到宴会大厅时，和运动员一一握手。席间，周恩来与大家热情地交谈。当有人玩笑似地谈起输球的事，周恩来很生气，对在座的一些将军说："你们都是带兵打仗的，你们谁能保证没有打过败仗。"随后，他与

■ 周恩来向打破女子跳高世界纪录的郑凤荣表示祝贺

大家诚恳地谈话，一方面说胜败是兵家常事，同时又鼓励运动员要刻苦训练，争取打胜仗。周总理的理解和关怀，使运动员深为感动。周恩来对运动员大到比赛，小到生活细节，都给予关注。当他发现有些运动员身体发胖，影响运动技术水平时，亲自指派有关人员调查运动员的伙食。他根据调查报告，指出运动员要少吃肉，多吃些蔬菜、豆制品、鱼等增加蛋白质，才有利于大强度的训练和比赛。周恩来对运动员的爱护无微不至。

1973 年，第三十二届世界乒乓球锦标赛之前，一天晚上，周恩来长时间地观看了运动员的表演后，接见了他们。在谈话中，他了解到队里没有女医生，就说有女运动员，为什么不派女医生？在座的乒乓球队领导深感自己工作不细，可是行期已近，要再派女医生也来不及了。就在当天夜里两点钟，周恩来通知代表团说，女医生马上要来报到。队员们感到无比的温暖。然而此时，周恩来自己已经身患重病。

周恩来关心体育事业，包括对各类竞技项目都很关注。1957年，他到北京体育学院观看跳高比赛。我国选手郑凤荣在跳过1.70米后，一下子要求跳1.75米，准备再跳1.77米，想一举打破世界纪录。由于急于求成，未能发挥正常水平。正在懊悔之时，周恩来将她叫到主席台上，将一束鲜花送给她，并同她照了相。郑凤荣惭愧自己没有跳好，但周恩来却勉励她说："你还年轻，时间还长着呢。"周恩来询问了她的家庭和其他方面的情况，鼓励她克服困难，争取好成绩。20多天后，传来了郑凤荣以1.77米的成绩打破世界纪录的消息，周恩来非常高兴。

今天，中国已成为世界体育强国，这其中凝聚着周恩来的无数心血。

周恩来的严谨作风

凡是接触过周恩来的人，无不为其潇洒儒雅的风度和气质所感染。而在周恩来直接领导过的人中，还大都领教过周恩来的另一面，用一个字概括，那就是严——工作态度严谨，工作要求严格，对工作失误者严厉。周恩来下属的那些部长们都非常“怕”他。其实，周恩来从来都是以身作则，率先垂范，所以这个“怕”字里隐含着“敬”与“畏”，就是我们所说的“敬畏”。

周恩来记忆力超人，这是大家公认的。在信息处理技术相对落后的年代里，周恩来脑子里装了多少国内国外各个领域的情况，谁也说不清。

一次，周恩来在贵阳作了一次即席讲话。当地的同志根据记录整理了一篇文章。周恩来看完并批示后，稿件当天发往北京。晚上，周恩来忽然想起稿子有些地方应再改一下。因为没留底稿，当地的同志着了急。周恩来平静地说：“不要紧，你们记录，我来默诵。”他先背诵了一遍原稿，然后把要改动的地方都重新更正一遍。

这篇近千字的文章周恩来只看过一遍。当地的同志拿着这份口述稿件打长途电话与北京核实后，竟与原件一字不差。人们无不惊叹！“过目不忘”是人们用来比喻记忆力超常的人的，周恩来就是一位过目不忘的人。

周恩来非凡的记忆力及对工作极端认真的作风，使他最不能容忍自己的部下马虎、敷衍、心中无数。部长们向周恩来汇报工作都很紧张，他们最怕总理问具体数字。为了应对无误，他们有时要带上下属一同前往。

周恩来看不惯这样。有一次，一位部长带了局长、处长来向总理汇报工作。周恩来见状，沉下脸来批评道："这是干什么？搞子孙三代同堂？胡闹！""汇报工作还要带二排议员，这是不允许的！"

在一次周恩来召集的国务院会议上，一位部长拿着稿子结结巴巴地念着。周恩来脸色沉了下来，浓眉紧锁。当这位部长念出一个数字后，周恩来厉声打断。"不对，看清了再念。"那位部长脸红起来，心情更紧张了，他哼哧哼哧地又念了一遍。"这不对！"周恩来不客气了。"应该是……"周恩来脱口说出准确的数字，而且没有看任何资料。只见在场的很多人立刻"哗哗"地查找资料，与周恩来说的一点不差。他问这位部长："这些文件送国务院时都是盖过章的，说明经你们审阅过，为什么还要念错？"部长谨慎地解释说："这项工作是副部长主持，文件是办公厅主任签的字。"周恩来紧逼一步："那么，这里的问题到底是制度不健全，还是责任心不强，官僚主义？"周恩来环视会场提高嗓门对大家说："现在宣布一项规定，凡是向党中央、国务院报送文件，不能只以盖章为准，要有部长负责人、各委办直属局负责人签字才能送……你签了字，问你情况答不上来，就必须作检讨。"

事后，几位部长相聚，大家提起会上的事，大发感慨："哎呀，总理不得了呀！"

周恩来待人善，对事严。不仅是对部长们，对开国元老们也一视同仁。

谁都知道，周恩来与陈毅既是上下级，又是战友，也是朋友，但陈毅做错事，周恩来照样不留情。

1965年，周恩来、陈毅赴阿尔及尔参加亚非会议，周恩来途经开罗在那里停留，陈毅直飞阿尔及尔打前站。途中，周恩来接到有关电报：阿尔及尔发生军事政变。他在开罗，便通过邓小平向毛泽

东汇报，建议改变与会计划。

陈毅先期抵达阿尔及尔后，许多亚非国家的代表也到了。由于局势变化，会议能否按计划开尚不得而知。大家着急，纷纷来找陈毅，了解第三世界大国——中国的立场。陈毅是个火暴脾气，看朋友们着急，脑子一热表了态："这次亚非会议必须开，而且一定要开好！"

最终，由于各种因素，会议被迫取消。许多原本信任中国的亚非国家很生气。

周恩来回国了解这些事后震怒异常："胡闹，简直是胡闹！"

正巧，陈毅来到西花厅，他知道自己捅了娄子，是来请罪的。这位平时出入西花厅如履平地的大元帅，低声说："总理，我来了。"周恩来见到陈毅气得血往上涌，他两眼冒火，几乎声色俱厉地逼视着陈毅："你无组织无纪律！""你是中国的外交部长，不请示不报告，你就敢擅自在那放炮表态，都像你这样还了得。谁给你的权力？"陈毅诚恳地检讨："我负荆请罪，我一炮没打好……我错了，我向总理检讨。"周恩来郑重而严厉地纠正他："不是向我检讨，是向毛主席、党中央检讨！"

陈毅始终虔诚地听着。也许是火气已经发泄出来了，周恩来的表情和语气都降了调。他转而耐心地对陈毅力陈道理，晓以利害。陈毅心服口服，他对周恩来承诺："我向毛主席、党中央作检讨。"

陈毅走后，目睹此情的秘书提醒周恩来："总理，你是不是批老总批得太重了？"

周恩来没有苟同，他认真严肃地说："他们都是各路诸侯，在这我不严厉，回到他的诸侯国谁还敢批评他？"

周恩来对事不对人，老帅们不仅不抱怨，还都与他相处融洽，心心相印。

不论是事关国际的大事，还是生活细节，周恩来都严格对待。他要厨房管理人员定期向他汇报伙食开销细目。有一次，管理人员给他念完一个月的账目后，周恩来说："你多算了一分钱。"管理人员又算了一遍还是原来的数。周恩来说："以前盐是每斤一毛五，这月怎么一毛六了？"管理人员拿出票据查看，确实是一毛六。周恩来立刻责令有关同志，到商业部门查查，为什么盐要涨价？经过逐级检查，结果是一个商店，私自将运输损耗费加到盐价中。周恩来知道调查结果后，指示有关人员立刻停止加价，把多收的钱退给群众，尽最大可能减少群众的损失。周恩来表示，不能小看一分钱，它关联到千家万户的利益，也关联到党与群众的关系。没有国务院的指示，一律不能擅自提高盐价。

仔细品味周恩来的"善"与"严"，我们会发现，这反差强烈的两面其实是高度统一的，那就是对人民、对工作、对同志的极端负责。

和各族人民心连心

周恩来坚决贯彻执行党中央制定的民族政策，他对培养少数民族干部，增强国内各民族的团结，发展少数民族地区的经济、文化事业极为关心，亲自作过许多重要指示。边疆各少数民族各项事业的发展，社会主义革命和社会主义建设所取得的一切成就，无不沐浴着党的民族政策的阳光，无不凝聚着周恩来的心血。

普遍而大量地培养少数民族干部，是实行民族区域自治，发展少数民族政治、经济、文化事业，彻底解决民族问题的关键。早在1949年，毛泽东在对西北少数民族工作指示中就曾指出："要彻底解决民族问题、完全孤立民族反动派，没有大批少数民族出身的共产主义干部是不可能的。"根据毛泽东的指示，1950年12月，经周恩来批准，中央人民政府政务院颁布了《筹办中央民族学院试行方案》和《培养少数民族干部试行方案》，确定了"普遍而大量地培养民族干部"的方针。

周恩来时刻关怀民族干部的成长，对培养少数民族干部，倾注了大量心血。早在抗日战争时期，周恩来就多次到延安中央党校专设的少数民族班讲课，为全国各民族地区培养革命骨干。建国初期，周恩来还抽空到民委举办的民族研究班讲课，教导学员做好民族工作。他还多次亲临中央民族学院视察，看望各族学员，亲切接见毕业生。对于刚刚由翻身农奴成长起来的藏族干部，更是寄予深切期望。他曾满怀深情地说过:“翻身农奴对毛主席有最深的阶级感情,但农奴长期受压迫,站起来不容易,要把毛泽东思想学好,腰杆才硬,斗争精神才旺。”周恩来在1956年视察中央民族学院时,亲自指示在该院语文系增设藏文研究班,培养又红又专的藏学家,发展藏族的历史文化。建国以来,在毛泽东思想哺育下,在周恩来的亲切关怀下,一批又一批的民族干部茁壮成长。他们中的许多人走上了各级领导岗位,在建设少数民族地区中发挥了重要作用。周恩来还多次教育在边疆工作的汉族干部,要大家热爱边疆,扎根边疆,和兄弟民族加强团结,互相学习,全心全意地为边疆各族人民服务。

周恩来十分关心边疆少数民族地区的社会主义革命和建设。1952年,内蒙古各族人民欢庆自治区成立五周年,周恩来发去贺电,

■ 周恩来在乌鲁木齐和各族青年一起高唱革命歌曲

表示热烈祝贺，勉励内蒙古人民“在实现毛主席的伟大民族政策的努力中，与日俱进，永远成为少数民族区域自治的良好榜样”。

1956年12月中旬，周恩来、贺龙陪同外宾来到云南芒市，参加中缅两国边民联欢大会。在陪同参观的同时，周恩来抽空先后接见了各族干部、群众和当地少数民族的上层爱国人士，和大家亲切交谈。周恩来高兴地说：“我虽然几次来到云南，但是，来到你们边疆少数民族地区还是第一次。你们富饶美丽的土地，你们的勤劳创造，解放以来在各方面的成就，深深地吸引着我们，使我们感到欣慰，特别是你们近年来为祖国的社会主义建设，为增进中缅友谊做出了贡献。我代表毛主席、党中央祝贺你们！向你们致以兄弟般的问候。”大家激动地告诉周恩来，德宏州胜利地完成了土地改革，现在已经开始办互助组、合作社。周恩来满意地点点头说：“好！好！你们取得了很大的成就。毛主席号召我们‘组织起来’，我们一定要照着办，照着做，在各级党委领导下，边疆各族人民要搞好团结，组织起来，走社会主义道路。这样，才能过上幸福的日子，生活才能一年比一年好。祖国边疆的事情搞好了，毛主席就放心了。”周恩来的谆谆教诲，给了各族人民巨大的鼓舞和激励。

1965年六七月间，周恩来和陈毅风尘仆仆地来到新疆视察工作，看望新疆十多个民族的人民。周恩来和陈毅先后视察了和田、喀什、乌鲁木齐、石河子等地人民公社、国营农场、工厂、机关、学校，同广大工人、贫下中农、解放军官兵、革命干部、知识青年亲切交谈，反复教育各族人民加强团结，共同对敌，鼓励他们在保卫和建设祖国边疆的伟大斗争中，做出更多的贡献。

周恩来十分关心西藏的建设问题，从和平解放到平叛改革，在西藏发展的每一个历史阶段，周恩来都作过一系列的重要指示。他虽然没有去过西藏，但对地处高原的西藏人民的生产和生活给予了深切的关怀。早在1951年和平解放西藏以后，周恩来就提议政务院拨款和派遣技术人员，帮助西藏进行经济建设和文化建设，他亲自派专机给阿里地区的改则县军民送去茶叶，给有关部门打

■ 周恩来同傣族人民一起欢度泼水节

电话，派专车送去了日用百货。在周恩来的指示下，中央给阿里地区派去了一批又一批医疗队，为阿里人民防治疾病。周恩来还多次接见藏族干部，亲自观看他们的文艺演出，即使在重病中，仍然惦记着远在万里之外的翻身农奴和各族人民。

周恩来经常深入实际，调查研究，不辞辛苦，使党的民族政策的光辉照遍村村寨寨，把党的温暖送到各族人民心间。

周恩来十分尊重少数民族的风俗习惯。西双版纳傣族人民永远不会忘记，周恩来和他们一起欢度泼水节的幸福情景。1961 年 4 月，正是西双版纳鲜花盛开的季节，周恩来来到西双版纳自治州首府允景洪，参加傣族人民盛大的节日——泼水节。周恩来身穿对襟布扣白上衣和大腰身咖啡色裤子，扎一条水红色包头巾，一身地地道道的傣族装束，在欢腾的人群里和群众一道互相泼水祝贺。周恩来语重心长地对大家说："只有尊重民族风俗，才能和各族人民心连心啊！"开始泼水啦！周恩来和傣族群众都用一根柏枝蘸着银碗里的水互相洒。但按照傣族风俗，泼水节泼得越多，越热烈，就表示彼此越亲热，越尊敬。傣族群众觉得用柏枝蘸着泼水不能表示对周恩来热爱的感情，于是就改用大盆来泼水。周恩来的警卫人员怕总理受凉，用雨伞去挡泼来的水，周恩来立刻要他把雨伞收起来，并笑着说："傣族群众的水，每一滴都是热乎乎的，我一点都不感到寒冷。"周恩来放下银碗，拿起脸盆，把一盆盆清水向群众泼去。大片大片的水花在欢乐的人群间飞舞，水珠在阳光的照耀下，熠熠闪光。这水啊，把周恩来和傣族人民的心紧紧地联在了一起。

深切关怀军队建设

周恩来坚决执行党中央、毛主席制定的建军路线，时刻关怀人民军队革命化、现代化、正规化的建设，对部队的政治思想和训练、作战、后勤保障等工作，对建设各军兵种和部队院校，改善部队的武器装备和发展国防尖端事业，都做出了巨大的贡献。

周恩来非常重视用马列主义、毛泽东思想武装全军，始终把指战员思想革命化放在部队建设的首位。他曾深刻指出，人民军队只有“靠毛泽东思想才能成长”。他对我军涌现出的英雄模范人物，总是热情赞扬并号召全军向他们学习。周恩来十分重视伟大的共产主义战士雷锋的模范事迹，亲自为雷锋题词，称赞“雷锋同志是劳动人民的好儿子，毛主席的好战士”。1963 年 3 月 5 日，当毛泽东发出了“向雷锋同志学习”的伟大号召以后，周恩来为了指导全军、全国人民学习雷锋的革命精神，又书写了学习雷锋的“憎爱分明的阶级立场，言行一致的革命精神，公而忘私的共产主义风格，奋不顾身的无产阶级斗志”的题词，高度地概括了雷锋革命精神的实质，深刻阐述了毛泽东发出的“向雷锋同志学习”的伟大意义，对全军和全国人民深入开展学习雷锋的群众运动有巨大的指导意义。

周恩来十分注意从实战需要出发训练部队。1965 年初，当林彪在军事训练中搞形式主义，提倡什么“花样翻新”、“花架子式”

■ 周恩来和贺龙视察陆军某部

时，周恩来亲自到部队进行调查研究。他在看了部队的军事训练以后，提笔写了“从实从严从难训练部队”十个大字。在全军召开的一次重要会议上，与会同志强烈要求增加训练时间，加强战备训练。周恩来在听取会议情况汇报时，支持大家的要求，指出：“军事训练的时间还可多些”，并具体提出步兵、技术兵每年用于军事训练的天数。林彪及其死党在起草会议纪要时，只字不提周恩来的指示，而且别有用心地又提出了一个比周总理提出的用于军事训练天数少得多的时间。周恩来看到会议纪要后很气愤，他亲笔将林彪及其死党提出的天数抹掉，写上原来所提出的训练天数。他的这一正确的意见，得到毛泽东的批准，他所提出的关于每年我军用于军事训练天数的意见，今天仍然是我军检查战备是否落实的一个重要标准，是我军战胜军事取消主义的有力武器。

周恩来不仅时刻关怀我军的训练方向，还经常抽出时间深入部队，帮助部队解决训练中的具体问题。有一次空军某部进行试飞，他先是直接听取汇报，当试飞出现意外情况时，又立即赶到指挥所，掌握情况，及时解决问题。有一次海军某部执行任务，周恩来也是事前反复认真检查了各项准备工作，从出海力量的配备到指挥员的调整；从通讯联络、水下作业到后勤保障……每个细小环节他都不放过。周恩来还亲自到装甲部队观看武器性能表演，爬到靶车上检查各种火炮击中的情况，表扬“坦克打得最准，射击效果最好”。他勉励大家要发扬成绩，继续努力。

我国国防尖端事业的发展，每前进一步都凝聚着周恩来的心血。早在1955年，周恩来就根据毛主席的指示，亲自抓这方面的工作。1960年，苏联单方面撕毁协议，撤走专家，妄图卡我们的脖子，扼杀我国尖端技术和国民经济的发展。为了和苏联进行针锋相对的斗争，建立我国强大的国防，周恩来更加强了对发展尖端技术的领导。他曾多次对从事国防尖端技术工作的人员讲，我们一定要为毛主席争光，为中国人民争气，把国防尖端技术搞上去。他明确提出从事国防尖端技术工作，要具有“高度的政治思想性，高

■ 周恩来在某基地视察导弹发射

度的计划科学性和高度的组织纪律性”；科研，要实行工人、科技人员和干部三结合；研究试验工作要“严肃认真，周到细致，稳妥可靠，万无一失”。每次核试验、导弹试验和发射人造地球卫星，周恩来都是亲自听汇报，作指示，检查试验的准备工作情况，并亲自向毛主席写报告，请示批准试验。每当试验开始进行的时候，他又总是亲自守候在电话机旁，直接了解现场情况，及时处理问题。有时，甚至亲自到现场观看试验。不仅如此，对于试验后消息的发布，图片和纪录影片的审查，他也往往亲自过问。1974年，周恩来虽然患了重病，但他对发展我国国防尖端事业，仍然寄予深切的期望，给予了无微不至的关怀。直到临终前，还看了有关核试验和发射卫星的文件。

同关怀我军革命化、现代化、正规化建设一样，周恩来也十分关心我国民兵队伍的建设。他根据毛泽东关于人民战争的思想，多次强调毛主席提出的民兵工作要三落实的指示，以建设一支强大的民兵队伍。早在1958年5月27日，他为《中国人民解放军复员工作文件汇编》的题词中指出：“为今后建设一支以复员军人作骨干与我国民兵制度相结合的强大的国防后备力量而奋斗！”周恩来的题词，把我军复员工作和民兵建设紧密地结合起来，对我军复员和民兵建设工作有重大的指导意义。在他的亲自关怀下，民兵队伍得到充实和提高，成为平战结合、劳武结合的强大国防后备力量，真正做到“招之即来，来之能战，战之能胜”。

在毛主席建军思想的指引下，在周恩来的深切关怀下，我国已经有了一支身经百战的强大的人民军队，和一支由亿万民兵组成的国防后备力量，时刻警惕着，如果敌人胆敢侵犯，一定会叫他有来无回。

关心水利事业

中华人民共和国成立后，周恩来十分重视水利事业。在新中国成立刚刚两个月，周恩来就对各解放区水利联席会议代表说，大禹治水三过家门而不入，是我们学习的楷模。纵观中国历史，周恩来深刻地指出了治水与治国兴邦的关系：根据中国历史的特点，水利是大事，是中华民族的大事，任何朝代都以能否治水来衡量是否能得民心。中国治水已有二三千年的历史，广大群众要治水，封建帝王也要治水。可见，治水与国家的兴衰至关重要。接着，周恩来又说，治水不是一件容易的事，中国最古老的有四川省灌县都江堰，是先秦时期依照水势修建起来的，引岷江水，灌溉了很多良田。中国古代有一套治水的经验，要很好地研究，古为今用，要予以提高。

新中国成立后，周恩来把兴修水利放在第一位，他讲："我们所接收的旧中国满目疮痍，是一个破烂摊子。""在国家建设计划中，不可能百废俱兴，要先从几件基本工作入手。""我们今天必须用大力来治水。"三年经济恢复时期，周恩来强调恢复经济要从兴修水利和兴修铁路做起。70年代，周恩来曾说：20年我关心两件事，一是上天，二是水利。这是关系人民生命的大事。由此可见，水利建设在周恩来心目中占有多么重的地位。并且他进一步阐述了治水为先的思想。第一，兴修水利对配合土地改革有着十分重要的意

义。如果不彻底根治水害，土地不是涝就是旱，那么即使土地改革了，也没有实际意义。第二，水利是农业的命脉，直接影响着全国人民的温饱问题。第三，水利是影响土地生产率的重要因素，它直接影响着单位面积的产量。第四，不兴修水利，涝旱成灾，必将给人民生命财产造成极大损失。第五，兴修水利，不仅对恢复和发展农业是个基本工作，而且对恢复和发展工业、交通以至整个国民经济也至关重要。

根治淮河、修官厅水库、引黄济卫、荆江分洪、治理黄河、根治长江等工程都是在周恩来领导下进行的。1950 年 9 月 22 日，他写信给陈云、薄一波、李富春并转告傅作义、李葆华、张含英，强调“治淮工程不宜延搁，凡紧急工程依照计划需提前拨款者，亦望水利部呈报中财委核支；凡需经政务院令各部门各地方调拨人员物资者，望水利部迅即代理文电交政务院核发”。为何最先根治淮河？因为淮河水患严重，亟待救治。淮河流域是盛产粮麦的好地方，这里的老百姓在革命战争年代，付出了很大的代价，牺牲了那么多的人。和平建设时期我们应该支援他们，把这里建设得更好。1950 年 11 月 3 日，周恩来讲，淮河应该根治，不能等到明年才动工，必须今年就开始动工。治淮的过程只能是由有灾到少灾，由少灾到无灾，一步一步来。他在主持治淮会议上，提出了蓄泄兼筹的治水原则。因为淮河的山洪很多，到平原水的流动又慢，因此调节水量很重要，上游蓄水，中游蓄泄并重，下游以泄水为主。在“大跃进”期间，淮河流域的个别地方领导，片面强调蓄水灌溉，不注意排水，甚至层层堵水，造成了淮河流域严重的涝碱灾害。周恩来严厉批评了只蓄不排的错误做法，他说：“我问过医生，一个人几天不吃饭可以，但如果一天不排尿，就会中毒。土地也是这样。怎么能只蓄不排呢？”在治淮时，周恩来还提出了分工合作的方针，上中下游的利益都要照顾到，以华东为主，中南为辅，集三省之力一起来搞，要上中下游配合，要豫、皖、苏三省配合。治淮既要重视泄洪入海，又要有利于灌溉农田，还要注意配合发电，配合航运。

在北方，周恩来指示先修官厅水库，主要是为了治理威胁首都安全的永定河。周恩来说：“华北的永定河，实际上是‘无定’的。清朝皇帝封它为‘永定’，它还是常常泛滥。不去治它，只是封它有什么用?”建国初期的治水，由于分清了轻重缓急，才解决了最急迫的淮河水患和永定河水患。

■ 周恩来勘察三峡工程坝址

根治长江，治理黄河，规模巨大，为了统一领导，在武汉设立了“长办”，在郑州设立了“黄委”。1954 年，长江发生了严重的大水，推动了长江流域规划主体——三峡工程的研究，周恩来亲自过问

了三峡工程。1958 年冬，周恩来曾带领国务院和地方有关负责人，乘船从武汉溯江而上，对三峡坝址逐一进行了勘察，前后历时 8 个昼夜，广泛听取了各方面的意见。周恩来讲，三峡是千年大计，对问题只看一面，很容易走向片面。

由于黄土高原的森林被砍伐得太多，造成了严重的水土流失，加之又没有及时植林，是黄河水患的一大原因。由此可见，水利和林业的关系是多么的紧密相联呀！1957 年，黄河三门峡工程开工后，泥沙淤积问题引起人们的疑虑，几种意见争持不下。1958 年 4 月 21 日，周恩来亲自主持召开三门峡现场会议，首先肯定了几种意见的争论是必要的。综合各方面的意见，周恩来根据原计划设计蓄水位 360 米，改为大坝按 360 米设计，350 米施工，初期蓄水位降为 335 米。1960 年 9 月，三门峡大坝建成蓄水，泥沙淤积情况比预计的严重。1964 年 12 月，周恩来又召开了一次治黄会议，最后批准了二洞四管的改建工程方案，变原来的蓄水拦沙为滞洪排沙。

■ 周恩来观看密云水库模型

改建后，收到了很好的效果。

周恩来在身患疾病期间，还亲自过问了长江葛洲坝工程的建设。他指示："在施工过程中，还可精心校正，精心设计，力求避免20年修水坝的许多错误。"对于出现主观蛮干的做法，周恩来立即向一些领导干部指出，砍头事小，葛洲坝事大。长江出了乱子，不是一个人的事，是整个国家，整个党的问题。1972年11月，在研究葛洲坝工程时，他又讲，我对这个问题是如履薄冰。

周恩来在担任共和国总理26年中，治水一直排在他工作的重要位置上。根治淮河、修官厅水库、引黄济卫、荆江分洪、治理黄河等工程都是在周恩来领导下进行的。50年代后期，他主持兴修了密云水库，还两次率领党政机关干部到十三陵水库工地参加劳动。就在身患重病期间，他还抓了长江葛洲坝工程的建设。由此可见，周恩来为治除水患，造福人民，付出了多大的心血呀！

关心电影工作者

1961年冬，一个大雪纷飞的夜晚。北京的大地一片银白色，寒风夹着雪片呼呼作响，寒气袭人。

周恩来当晚到首都剧场看人民艺术剧院的演出，忽然发现演员舒绣文没有在场，便问："舒绣文为何没有参加演出？"有人答："舒绣文心脏病发作，在家里休息。"周恩来听到后，一直在心中惦念。演出结束后，他立即和演员们一起到舒绣文家中看望。已是深夜11点多钟了，一阵房门的铃声响起，将舒绣文和她的儿子兆元惊醒。"是谁这么晚，还来家中做客呢？"兆元连忙打开房门，啊，站在面前的竟是周恩来！只见周恩来的大衣上和头发上都落了许多白白的雪花。

"兆元，你妈妈的病怎么样了？"周恩来急忙问。他边问边走进客厅。然后，他走到舒绣文的床前，看到她那消瘦的面庞，不住地咳嗽，周恩来心疼地摇了摇头。舒绣文强挣着要坐起来，周恩来连忙劝阻。当得知她是因为演出过于劳累而犯病，并且在病中还坚持学习时，周恩来亲切地说："绣文同志，你一定要注意休息。你要明白，你的身体不单是你的，而且是党和人民的。人民需要你，你一定要战胜病魔！"舒绣文听到这温暖的话语，眼里含着激动的热泪，望着周恩来，感动得说不出话来。

周恩来又把兆元叫到面前，对他说："你妈妈是文艺界的老前辈，是国家的财富。你一定要好好照顾她，让她注意休息。我和你妈妈是老朋友了，早在抗日战争时期，我在重庆就经常去看她演戏，她对人民是有功的。你一定要好好照顾她，有什么困难和需要可以给我打电话。”兆元听后，向周恩来表示了深深的谢意。这时，周恩来看了看表，已是深夜12点钟了。他用温暖的大手紧紧地握了握舒绣文的手，然后向门外走去。只见周恩来坐的汽车渐渐地消失在雪花飞舞的夜色之中。

第二天上午，邓颖超又来到舒绣文家。她受周恩来的委托，带着药品和几根碧绿的黄瓜来看望舒绣文来了。药品是周恩来自己治疗心脏病时用过的，黄瓜则是周恩来和邓颖超在工作之余亲手种植的。

在周恩来的亲自安排下，舒绣文住进了阜外医院。经过一段

■ 周恩来和邓颖超向扮演虎妞的舒绣文祝贺演出成功

时间的治疗,舒绣文病情有所好转。一天,她拿出一张自己与周恩来和邓大姐的合影,陷入了美好的回忆之中。那是1958年国庆节的前夕,北京人民艺术剧院在首都剧场演出话剧《骆驼祥子》。《骆驼祥子》是我国著名作家老舍先生于1936年写的一部优秀长篇小说,人艺的导演和演员把它搬上舞台,展现了旧北京,表现劳动人民——人力车夫的悲惨遭遇。其中刻画了车夫祥子和"人和厂"车老板的女儿虎妞生动的形象。舒绣文就出演虎妞这一角色。她那精湛的表演技艺,把虎妞演得活灵活现、栩栩如生,赢得了观众们热烈的掌声。特别是三轮车工人非常喜爱这个戏。当演出结束时,周恩来和邓大姐从观众席来到后台,同演员们一一握手,祝贺演出成功。当周恩来和邓大姐紧紧地握住舒绣文的双手时,闪光灯一亮,拍下了这永远难忘的时刻。

时间过得飞快,已是1962年的冬天。舒绣文正在病房里看报,忽然,护士领着周恩来的秘书张元进来了。张元转达了周恩来对舒绣文病情的惦念与关心,并带来了邓大姐的亲笔问候信。

亲爱的舒绣文同志,我是多么的惦记你和想念你啊!我曾几次起心要去看你,但至今尚没能如愿。现特托张元同志去看看你,我和恩来同志向你致意,希望你安心治疗,祝福你早日痊愈,紧紧握你的手。

邓颖超

一九六二年十二月十二日

这是多么深情的关心和爱护啊!舒绣文的心情久久不能平静。当她双手捧着周恩来送来的能歌会跳的洋娃娃,听到张元说"这是一位外国朋友送给总理的,总理让我给你带来了"的话语时,她再也抑制不住内心的激动,热泪夺眶而出,不知说什么好。她把洋娃娃放在桌上,洋娃娃随着优美的歌声,跳起了欢快的舞蹈。医生、护士及病友们都高兴地围拢过来观看,病房里充满了欢乐。

是啊!周恩来就是这样,关心他人比关心自己为重,为他人奉献出一片真挚的爱和赤诚的心。

周恩来与松崎君代的友谊

周恩来是个体育爱好者，在百忙中抽空看场乒乓球赛或足球比赛总是兴致勃勃，劲头十足。他认为体育不仅可以强身健体，而且可以广交朋友。日本乒乓球运动员松崎君代，就是周恩来通过观看体育比赛结交的一位朋友。

1961 年第二十六届世界乒乓球锦标赛在北京举行。在比赛中，曾获世界女子单打冠军的日本乒乓球运动员松崎君代所表现出来的良好体育道德，给周恩来留下了深刻的印象。

松崎君代球艺精湛，气度不凡，不论是领先还是落后，她从不显得激动或紧张。她当时只有 23 岁，身体条件和竞技状态都处于鼎盛时期，因此人们都认为她能够卫冕。不料在半决赛中被一名匈牙利选手意外淘汰了。

周恩来注意到，松崎每输一分，脸上就掠过一丝笑容。最后球虽然输了，她却是笑着退下场的。周恩来非常赞赏运动员这种良好的心理素质和体育道德。他在出席为日本队举行的饯别晚宴上，特别向松崎君代祝贺，称赞她胜不骄、败不馁的大将风度。从此，松崎君代成为周恩来的好朋友，在以后的几次访华中，都被邀

请到中南海周恩来家里做客。

松崎君代在1963年第二次获得世界女子单打冠军后，就不再参加正式比赛。1964年10月，周恩来邀请她到北京观摩北京国际乒乓球邀请赛。来到北京后，周恩来又邀请她到家里做客。在一个秋高气爽的日子里，松崎君代和一些著名的中、日乒乓球运动员来到中南海。车刚停在西花厅前，就看见周恩来和邓颖超早已笑容满面地等在门口。松崎下车后向周恩来深深地鞠了一躬说："能够再次见到您，聆听您的教诲，是我最大的幸福。但您的工作这么繁忙，还抽时间……"话没说完，周恩来忙接过来说："你是我特意请来的贵宾，当然要接你到我家来叙叙家常。今天，这就是你的家，你要像回到自己家里一样，一点也不要客气。"邓颖超也热情地说："我们虽是初次见面，但几年前我就从电视里看过你打球，因此，已算是老相识了。"

客人陆续到齐后，周恩来请大家入席。松崎坐在周恩来的右侧，周恩来不停地用他那受过伤的不太灵活的右手给松崎夹菜，并嘱咐她：多吃点，多吃点。邓颖超对她说："松崎小姐是恩来的客人，其他几位也是老朋友，今天理应由我下厨房，但不巧，这几天身体不大舒服，只好麻烦厨师做了这顿便饭。为了表示一点心意，唯有恩来平时最爱吃的这碗家乡菜'狮子头'是我亲手做的，不知合不合各位口味？请各位尝尝。"说着，她给松崎夹了一个又圆又大的"狮子头"。对于主人的盛情招待，松崎心里非常感动。

吃过午饭，大家来到会客室，一边品茶，一边热烈地交谈起来。邓颖超知道松崎快结婚了，关切地问起松崎男朋友的情况。松崎脸红了。邓颖超忙笑着说："大姑娘怕难为情，不愿意当众公开自己的秘密，是很自然的。我收回刚才的问题，你也不必勉强'坦白'了。不过将来如有机会，欢迎你未来的丈夫也来中国看看。"接着，她把早已准备好的两条大红绣花被面送给松崎，对她说："这是我送给你的结婚礼物。在我们中国，大红象征喜事临门和吉祥如意。预祝你将来建立一个幸福美满的家庭！"

周恩来接着说:“听说你是四国岛上贫苦人家出身,你父亲在当地制酒行业干了几十年。你回去后,定要替我向他问好,并请他尝尝我们中国的第一名酒。”周恩来拿出两瓶茅台酒,送给松崎。

看着这些珍贵的礼物,松崎哭了。这个曾经在球场上叱咤风云的乒坛骁将,今天再也控制不住自己的感情。她想起自己在国内的境遇。一次,她和本国的几个乒乓球运动员参加国际比赛后凯旋,听说一个政府要员要接见她们,她们感到非常高兴。可这位要人见到她们后只是淡淡地说了一句:“你们辛苦啦!”然后,就无话可说了。她们感到莫名其妙。后来才知道,这位要人只是为了拍这个向她们问候的镜头才让她们去的。想起自己虽然为国家多次争得荣誉,但现在却连一个固定的职业都没有。而在中国,她被当作贵宾请到国家总理的家里做客,享受着主人殷勤的招待。周恩来夫妇是那样和蔼可亲、平易近人,与她真诚相待。这一切令她

■ 周恩来、贺龙接见松崎君代等日本运动员

激动不已，她流着眼泪说："您是中国的总理，却这样真心实意地对待我，不但无微不至地关怀我本人，还想到了我年迈的父亲……您的每句话，每个举动，都深深地刻印在我的心坎上了。我一辈子忘不了中国人民的好总理，忘不了中国给我的荣誉和恩情……"松崎这一席肺腑之言，令在场的客人都为之感动。

临走时，大家依依不舍。周恩来告诉松崎，你什么时候愿意再来，就写信告诉我或体委的荣高棠。"对你，对所有主张中日友好的日本朋友，中国的大门永远是敞开的。"周恩来的话令松崎终生难忘。

回国后，松崎把周恩来送给她的礼物像宝贝一样珍藏起来。那两条大红绣花被面，在让父母姐妹和亲友们观赏之后，松崎就把它放在专门存放嫁衣的抽屉里，一直没有动过。她认为这么珍贵的礼物用来做棉被太可惜了。

那两瓶茅台酒，松崎把它送给了她的父母。她的父母是一对普普通通的老夫妇，在四国岛一个小镇上开了一家小酒店。当他们收到中国总理这份珍贵的礼物时无比激动。消息很快就传开了，邻近的亲友们也纷纷上门观看这两瓶来自中国的茅台酒。

一年后，松崎君代又来中国访问。周恩来见到她第一句话就问："那两瓶酒的味道怎么样？"松崎君代感到非常吃惊，她没想到日理万机的周恩来竟有如此非凡的记忆力，还会记得那两瓶茅台酒。她回答："非常好，非常好。"周恩来说："好，那我再送你一瓶。"

松崎君代的父母把这瓶酒看作是荣誉和友谊的象征，认为它不仅是送给他们的，也是送给全体日本人民的。他们把这瓶酒精心装饰起来，用一个玻璃罩子罩着，放在客厅显著的地方。只有在非常特殊的场合，老两口才舍得请客人品尝一小盅。因此，这瓶酒一直喝了十多年，直到周恩来去世时还剩下半瓶酒。全家决定不再喝它，把它封存起来，以表示对周恩来的怀念之情。

1978 年，松崎君代和她的父母再次访华。他们沉痛地为他们的老朋友写了悼词："周恩来总理：您活在我们心中！"悼词于 1979

年 1 月 8 日在《人民日报》的显著位置刊登出来。它表达了松崎君代全家对周恩来的无比崇敬和深切怀念。

周恩来与松崎君代的友谊虽然是建立在个人基础之上的，但它却联结着中日两国人民。他们是中日两国友好的使者，两国人民会永远珍惜他们这段美好的友谊。

架设友谊的桥梁

1972年2月21日，一架蓝白色的飞机在北京机场徐徐降落。周恩来走向停机坪，迎接前来访问的美国总统尼克松。当两位领导人的手握在一起时，标志着一个旧时代的结束，一个新时代的开始。

这一切与周恩来的努力是分不开的。他在历史的关键时刻所起的作用，是任何人也替代不了的。

中美两国的关系自从新中国诞生后断绝了20多年。在此期间，美国政府对中国采取封锁、孤立、遏制和敌视的政策。随着国际局势的发展和变化，美国也不断改变和调整对华政策。尼克松入主白宫后多次表示要与中国接触，示意把改善中美关系作为美国政府的外交目标之一，并多次向中国发出试探性信息。每当这个时候，中国都不失时机地作出反应。1970年12月18日，毛泽东会见斯诺，请他转告华盛顿："如果尼克松到北京来，我愿意同他谈，谈得成也行，谈不成也行。"

而真正打开两国人民友好往来的大门，是从一只小小的银球开始的。

1971年，世界乒乓球锦标赛在日本名古屋举行。一天，美国乒乓球队队员格伦·科恩在路边等汽车去体育馆，中国乒乓球队乘坐的大轿车经过时停了下来让他上车。科恩还与中国队员互相交换礼物。独具慧眼的周恩来，以一个外交家的敏锐目光抓住了这次机会。他不失时机地对美国乒乓球队发出了访华邀请。为了避免唐突，又向在名古屋参加比赛的加拿大队、哥伦比亚队、英国队和尼日利亚队同时发出了邀请。于是就诞生了“乒乓外交”，使互相敌视了20多年的中美两国开始了和解的进程。

4月中旬，美国等五国乒乓球队访问中国。接着，美国方面邀请中国乒乓球队回访美国。随着两国人民之间的这种接触，中美两国长达20多年的僵持局面开始解冻，“小球转动了大球”。

同年7月，尼克松的国家安全事务助理亨利·基辛格接受周恩来的邀请，到北京进行了一次秘密访问。当时基辛格正在巴基斯坦访问，他突然借口肚子痛留在别墅休息。又神不知鬼不觉地离开巴基斯坦，来到了北京。基辛格的访问为尼克松访华铺平了道路，为中美建立外交关系的会谈做了准备。

为了与尼克松和基辛格谈判，周恩来做了大量的准备工作。对尼克松和基辛格的政治观点、个人历史、家庭生活，乃至爱好和习惯都作了研究。还特地阅读了尼克松所写的《六次危机》，看了尼克松喜欢的电影《巴顿将军》等。

1971年10月，基辛格第二次访华，这次是公开访问。《人民日报》在显著位置刊登了周恩来与基辛格的合影，向全世界宣布中美关系正常化进程即将开始。

基辛格第二次访华主要是就中美联合公报草案和中美关系问题进行谈判。美方想发表一个只强调共同点，不提双方分歧的公报。而中方不同意这样做，并提出了一个既列出双方的共同点，也摆明双方分歧的公报草案。美方认为这种公报是外交史上前所未有的，也是美国国内无法接受的。对此，周恩来做了大量的工作。他说，中美双方存在着巨大的分歧，如果我们用外交辞令掩盖这些分歧，那是不可取的。掩盖分歧的做法会给两国人民和全世界一些幻想，也会使他们失望，不利于两国关系。他坚持认为必须摆出双方的分歧。

■ 周恩来会见基辛格

基辛格是个谈判高手，他察觉到中方的坚定立场和周恩来一步到位，不搞拉锯战的谈判风格，他认为中国是有诚意的。最后，基辛格表示美方愿意接受中方的初稿，并提出了一些补充意见。

在谈到台湾问题时，美方表示不能放弃“老朋友”，并声称不会与台湾断交。周恩来寸步不让，他强调台湾问题是中美关系能否改善的关键所在。这是一个国家的主权受到侵犯的问题，不是美国“对老朋友尽义务”所能解释得通的。周恩来进一步指出，既然中美要进入一个新时代，必然要改变一些关系，如果把所有的老关系一无更改，一切照旧，那怎么能迎接新时代呢？

周恩来的毫不相让，迫使美方不得不重新调整他们的立场。最后基辛格回到谈判桌前，对周恩来说：“我决定换一种表达方式——美国认识到，在台湾海峡两边的所有中国人都认为只有一个中国，台湾是中国的一部分。怎么样？”

周恩来满意地笑了。

美方随行人员感叹：周恩来真是太厉害了。让我们高高兴兴地否定自己的方案，接受他的方案，而且心悦诚服。

1972年2月21日，美国总统尼克松访华。当尼克松从飞机上走下来，主动伸出手来紧紧握住周恩来的手时，人们似乎还没有忘记1954年日内瓦会议上，杜勒斯拒绝与周恩来握手的愚蠢行为。

周恩来握着尼克松的手说："你把手伸过了世界上最辽阔的海洋来和我握手，25年没有交往了啊！"尼克松也说："我非常高兴！"

中美双方领导人在北京举行了四次会谈，讨论国际重大问题和中美两国关系。由于双方立场不同，在许多问题上都存在着分歧。但周恩来运用高超的谈判艺术，使美方认为尽管双方意见不同，但中方的立场是有道理的，中方领导人是可以信赖的。

在谈到国际形势时，尼克松认为如果美国退出某些地区，这些地区就会出现"真空"，为苏联提供钻空子的机会。这是二战后美国实行扩张政策的一个借口。周恩来反驳道，世界上不存在"真空"。历史证明，中国大陆并没有成为真空。美国势力、苏联势力和蒋介石都走了，中国人民自己填补了这个"真空"。这同200年前美国人民在英国退走后自己填补了"真空"是一样的。这一席话说得美国人连连点头。

在印支问题上，周恩来指出：要缓和远东局势，关键在于美国撤军，撤得越早越主动，越迟就越不能得到尼克松希望的"光荣结束"。为了说服对方，周恩来几次列举戴高乐当年将法军撤出阿尔及利亚的例子，说戴高乐不但把80万法国军队撤回，最后甚至把200万侨民都撤走了。赞扬戴高乐是"有魄力的，有眼光的"政治家。而要结束印支战争，只有印支人民有权同美国谈判，中国不能替代。"我们只有同情和支持他们的义务，没有干预他们的权利。"

周恩来在会谈中表现出来的坚定的原则性和充分说理的谈话方式，使尼克松十分敬佩。他在回忆录中说：周恩来有共产党人的坚定信念，但讲话彬彬有礼，入情入理，对形势和谈判对象了如指掌，对问题的反应敏捷。他说，周恩来留给他的鲜明印象是无与伦比的品格和献身精神。他发现自己对中国人产生了好感。

此次会谈的重要成果是1972年2月28日发表的《上海公

报》。这份公报就是在 1971 年 10 月基辛格访华时定稿的那份。公报列举了双方不同的原则立场，也列举了双方的共同点，这在国际交往中是没有先例的，也是不合国际惯例的。但中方的真诚使美方难以拒绝。连尼克松也不得不承认，在短短的一个星期之内是不可能消除双方 20 多年的隔阂的。

中国一贯坚持的国与国之间和平共处五项原则，在公报中也得到确认。历史证明，和平共处五项原则是中美关系得以健康发展的唯一可靠的基础。

1972 年 2 月 21 日至 27 日进行的中美高级会谈，被西方新闻界称为“改变世界的一周”。它扭转了双方的敌对状态，使中美关系开始缓和。

1979 年 1 月 1 日，中美两国正式建交。

■ 周恩来在首都机场迎接来访的美国总统尼克松

周恩来虽然没有等到这一天就与世长辞了，但他作为首创者为中美关系正常化奠定了坚实的基础。他为中美两国人民和世界人民所做出的卓越贡献，将永远镌刻在世界历史的长卷中。

西花厅一日

初春的早晨，和煦的阳光静静地洒在中南海西花厅。这里是周恩来工作和生活的地方。葱郁的树木映衬着盛开的海棠花，清香宜人。

像所有繁忙的日子一样，西花厅又迎来了新的一天。

何秘书轻手轻脚地走进值班室，翻开值班记录，上面写着：

……

5. 五点四十分离开办公室；

6. 五点五十分临睡前吃了轻量安眠药；

7. 八点起床；

九点开国务会议。

周恩来有个习惯，开会前一小时一定要起床。何秘书看看表，正好八点。他轻声地对卫士老张说："时间到了，请总理起床吧！"老张和身边的护士劝阻道："总理睡了不到两个小时，再让总理睡五分钟吧。"何秘书也不忍心叫醒周恩来，可是又必须严格遵守总理的规定，于是他们三人商量了一下，决定再让周恩来睡三分钟。

时间过得真快，三分钟一眨眼就过去了。老张走到床前，轻轻地叫了声"总理"。

周恩来睁开眼睛，马上起身穿好衣服走出卧室，开始了一天的工作。

周恩来是个睁开眼睛就要工作的人，因此他走到哪里，就把哪里当做办公室。

在卧室后面有一个卫生间，大家戏称为“第一办公室”。每天早晨起床后，周恩来就快步来到这里，先阅读报纸、文件，然后分管各方面工作的秘书，有时还有一些部门的负责同志，都到卫生间向周恩来请示汇报工作。从“第一办公室”出来，他做五分钟自己编的健身操，用两分钟洗漱，然后进入“第二办公室”——餐桌。周恩来吃饭都是见缝插针，常常是一边吃饭一边工作。早饭后，他漱着口走进“第三办公室”。这才是他真正的办公室。在这里他日理万机，每天要处理大量国内外各种事务，为党和人民日夜操劳。床头要算周恩来的“第四办公室”，每天工作结束后，他还要把文件抱到床上，继续工作，常常要到东方发白才开始休息。

今天也不例外，在“第一办公室”，周恩来迅速批阅完所有的急电和文件后，就开始阅读当天报纸上重要的国内外新闻和秘书用红笔勾出了重点的参考资料。

这天的早点，周恩来只喝了一小碗豆浆。然后匆匆走了。

他来到国务会议会场，几位负责同志看到周恩来走进来，忙迎上来关切地说：“您刚睡下不到两小时，又赶来参加会议了！”周恩来微笑着说：“我睡得很好，两个小时不少了嘛！”说完便和大家一起开会。会议一直开到中午十二点半才结束。原打算与邓颖超一起共进午餐，现在只好错过。这两位老人虽然生活在一起，但为了工作，很少有在一起吃饭的机会。会后，周恩来带着两位部长回到西花厅，商量一项工程的建设问题。

吃过午饭，周恩来与两位部长走进办公室，继续商谈工作，直到下午两点多钟才结束。两位部长临走时一再对何秘书说：“总理休息太少了，你一定要说服他晚上早点休息。”

送走了两位部长，何秘书看到周恩来忙了大半天还没有顾上休息，想让他出来散散步。可值班护士说：“我请过了，总理说一会就来。”他们站在门口等了很久，还是不见他出来。于是何秘书走

■ 周恩来在办公室工作

进办公室去看，只见周恩来正在和好几位秘书一起研究工作。何秘书看看表，两点半了，下午三点半还要接见外宾呢，可桌子上还有一大堆重要文件等着他亲自批阅，哪还有时间休息啊！何秘书只好退了出来。

过了三点钟，何秘书走到周恩来跟前。周恩来知道接见外宾的时间到了，忙站起身说："立刻就走！"坐上汽车后，周恩来赶忙用电动剃须刀，刮他早上没有来得及刮的胡子。胡子刚刮完，汽车已到了北京饭店门口。接待人员和饭店工作人员把他迎到会客厅，还没坐下，有人报告："外宾已经到了。"

周恩来立刻走到会客厅门口迎接外宾。接着，开始了亲切友好的会谈。会谈进行了两个多小时，当周恩来陪客人走出会客厅时，那位客人紧紧握着周恩来的手，依依不舍地说："能有幸和您——世界上最忙的人谈两个多小时的话，感到非常荣幸。我建议您注意休息。"周恩来友好地说："谢谢你！"

送走外宾后，周恩来与工作人员一一握手告别，乘车返回。这时已是傍晚六点半了，周恩来已经忙碌了一天。为了让他能利用乘车的机会多休息一会儿，何秘书和司机老杨约定好把车开得慢一点，尽量不按喇叭，不跟他谈任何事情。这一切，并没有逃过周恩来的眼睛，他问："车为什么开得这么慢？"何秘书只好实话实说。周恩来并没有批评他们，他能理解他们的心情，只是轻声地说："陈老总他们来开会的时间到了。"老杨只好加快速度，迅速赶回西花厅。

车子开进西花厅大门，看见邓颖超在门口散步。老杨停下车，让周恩来走下车子。邓颖超看到周恩来回来，迎上去亲切地说："今天，我还没见到你的面呢！"周恩来笑着说："这不见面了吗？"周围的人都笑了。邓颖超说："知道你离开了饭店，我受大家的委托，特地来门口陪你散散步。"

两位老人有说有笑地向院里走去。这天晚上，夫妇俩非常难得地在一起吃晚饭。他们刚端起碗，一位秘书进来报告："贺副总理来向总理请示几件事情，问总理有没有时间？"周恩来立即说："请贺龙同志现在就来。"贺龙一进来就和周恩来亲切地聊了起来。这两个老战友每次见面都像久别重逢似的，总是有说不完的话。这时邓颖超准备出去开会，贺龙对她说："大姐，劝劝总理，星期六晚上抽个把小时，去看看体育表演吧。这是很好的休息。"邓颖超马上赞成："你老总的建议我完全支持！"说完，就先告别出门去了。

周恩来和贺龙还没有谈完，陈毅和来开外事工作会议的同志就到了。贺龙忙起身，拉着周恩来叮嘱道："就这么说定了吧，总理！星期六晚上你一定来看体育表演，主要看看体操也好。"陈毅马上凑上来说："就这样定了，到时我陪总理去！"周恩来爽快地说："你们两位老总替我做了主，好吧，去看看大家。"

外事工作会议一直开到深夜一点多钟还没有结束。此时的周恩来还和白天一样精力旺盛，而有些同志已经支持不住了。周恩来看到夜已经深了，就对大家说："会议就开到这里，请大家吃点夜餐再回去吧。"吃过夜餐，大家一一告辞。一位刚从国外回来的大

使紧握着周恩来的手说："请总理也早点休息吧，使馆的同志委托我请总理注意健康。"周恩来说："谢谢大家的关心，工作处理不完，休息也休息不好。"站在一旁的陈毅打趣地说："总理能这么早休息？按总理的习惯，现在才过了吃午饭的时候呢！"

陈毅走后，何秘书和护士建议周恩来到院子里散散步，他欣然接受。于是，他们一同来到院子里。

初春的夜晚寂静无声，海棠花在夜风中静静地绽放，花香四溢，令人神清气爽。周恩来和邓颖超都非常喜欢海棠花，每当海棠花盛开的时候，周恩来总要抽空欣赏几次。他称赞海棠是一种非常清香的花，人人喜爱。

这天晚上，周恩来的精神特别好。夜里两点钟，周恩来对何秘书说："你现在给主席的秘书打个电话，请他请示一下主席，我要向主席请示几件事情，是不是影响主席？"过了几分钟，毛泽东的秘书打来电话："主席请总理现在就来。"何秘书陪同周恩来乘车来到毛泽东的住地。

两位伟人通宵达旦，畅谈国事，屋里不时传出爽朗的笑声。

清晨五点多钟，周恩来走出了毛泽东的住处。此时东方已经发白，新的一天已经来临，可坐在车上的周恩来还不曾合过一下眼睛。

回到办公室，各种文件夹早已摆放在他桌上，等待着他处理。忙了一昼夜的周恩来，又要继续工作了。

这只是西花厅最平常的一天。周恩来就是这样日复一日地工作，为了党和人民的事业，勤勤恳恳，鞠躬尽瘁，无私地奉献出了自己毕生的精力。

一张大字报

1966 年“文化大革命”以后，周恩来的工作更加繁重了。他常常连续地批阅文件，找人谈话，开会，接见……一般每天只有两三个小时的睡眠时间，有时甚至一连几昼夜不停地工作。一年 365 天，天天他的台历都排得满满的，头一天的事还没完，他就想着第二天的事了。真是三更未眠，五更又起。

在原中国革命博物馆（现中国国家博物馆），收藏着周恩来的工作台历。台历上有他的工作时间表。我们来看一下 1967 年 1 月 10 日这一天周恩来的工作日程：

下午二时半　见昆明军区来的同志
下午四时　见昆明来的十二位学生、工人
下午五时　见财贸系统代表（20）
下午五时半　中央议论会
晚九时半　见战友文工团五位同志
晚九时三刻　见各左派学生、工人代表
晨二时　见上海里弄工厂工人代表
晨三时　见军队工作组同志
晨六时　接见六、七、十院代表

如此紧张的工作日程，几乎占去了周恩来每天大部分时间，不要说睡觉休息，有时就连吃饭的时间也没有。工作人员只好在粥

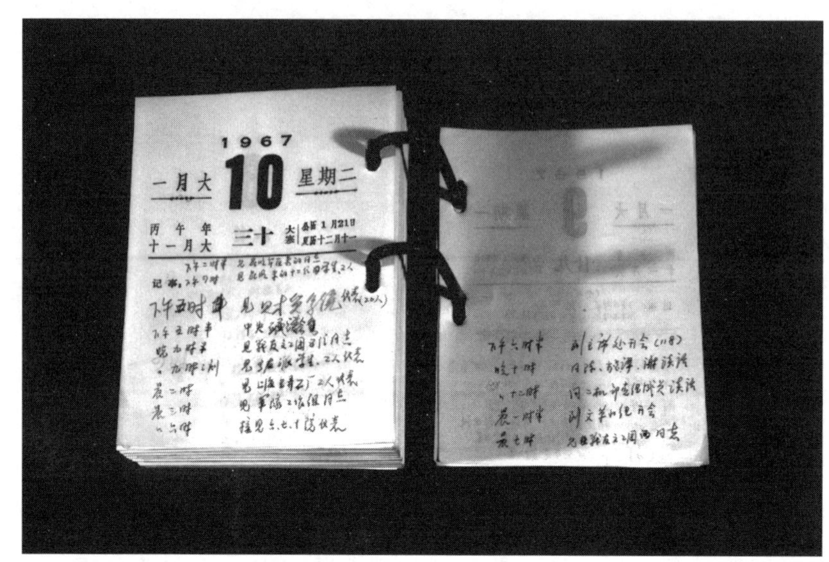

■ 周恩来的记事台历

里放一点菜泥和肉末，倒在茶缸里送去，让总理一边工作，一边吃点东西。有时给总理蒸几个包子送去，他却没有时间吃。凉了再热，热了又凉，几次回笼，包子都碎了。有时候周恩来乘车到别的地方去，工作人员赶紧把饭送到车上，让总理利用乘车的时间吃几口。周恩来也是人，不是神，极少的睡眠使他常常在深夜工作时被困倦困扰。每当这个时候，周恩来就捏捏鼻子，揉揉眉毛，抹些清凉油，有时甚至揪一揪头发来刺激一下。他常常因为过度疲劳流鼻血，但他从来不在乎，稍加处理就又工作起来。

周恩来一天天地消瘦了，健康状况也不如以前了。同志们为总理的健康忧心如焚，几次去找邓颖超，请她劝总理注意休息，但都没有用。实在没有办法了，在总理身边工作的秘书、医生、护士、服务员、警卫员、炊事员、司机凑在一起议论，联名给总理写了一张大字报，用图钉钉在周恩来办公室的门上，希望起到提醒总理休息的作用。他们写道：

“周恩来同志：

我们要造你一点反，就是请求你改变现在的工作方式和生活习惯，才能适应你的身体变化情况，从而你才能够为党工作得长久一些、更多一些。这是我们从党和革命的最高的长远的利益出发，所以强烈请求你接受我们的请求。”

两天后，邓颖超又提出五条“补充建议”的小字报，贴在大字报上。她写道：

（一）力争缩短夜间工作时间，改为白天工作；

（二）开会、谈话及其他活动之间，应稍有间隙，不要接连工作；

（三）每日节目规定应留余地，以备临时急事应用；

（四）从外面开会、工作回来后，除非紧急事项，恩来同志和有关同志之间希望不要立即接触，得以喘息；

（五）学会开会要开短些，大家说话要简练些。

大字报贴出的第二天，周恩来在上面工工整整地写了“诚恳接受，要看实践”。三个月以后，周恩来的侄子侄女去看望他时，又在大字报上写道：“您的实践还做得不够，必须真正实践，才是真正支持造反者！”大字报贴出以后，叶剑英、李先念等许多中央领导同志都在上面签了名，希望周恩来多休息休息。

从这张大字报及邓颖超的五条补充建议，字里行间体现出周恩来呕心沥血工作的繁重程度。他几乎是在最大限度地压缩睡眠时间，在没有“喘息”的情况下“接连工作”的。但此时的周恩来，已年届七旬，工作人员发现他患有心脏病。有时工作人员劝他多休息一下，毕竟是上了年纪的人呀，周恩来反而说：“为党工作的时间不多了，就更应该多做工作。”工作人员只能陪他出去散散步，再继续工作。

周恩来的忘我工作精神，使许多外宾感到吃惊。有一次，他在夜间会见外宾，结束时已是凌晨。外宾向他道晚安，并说：“该休息了吧？”周恩来对其说：“我的工作才开始呢。”几十年来，他夜间工作，从不考虑自己的睡眠问题。他认为夜间安静，思想集中，效率高，可以与白天工作的同志流水作业，处理问题及时。越南的胡志

明主席曾向周恩来提出要求，希望他每天多睡两小时，周恩来回答说："我做不到。"胡志明又说："打一半折扣吧，每天多睡一个小时。"周恩来说："尽量做到。"但他并未做到。

政治家，以其为公的程度得到人民的支持和承认度。周恩来把私心减到最小最小，把公心推到最大最大，他深受人民爱戴。

“幸好保住了他”

1966年，中国大地上掀起了一场“文化大革命”运动。林彪、江青一伙妄图利用这场运动篡党夺权。为了扫清障碍，一大批老干部被他们打倒，全国上下顿时陷入一片混乱之中。在这种恶劣的形势下，周恩来一面苦撑危难局面，一面竭力保护了一大批老干部，使他们免遭林彪、江青一伙人的迫害。

邓小平在一次同外国记者谈到周恩来时，这样说过：“‘文化大革命’时，我们这些人都下去了，幸好保住了他。在‘文化大革命’中，他所处的地位十分困难，也说了好多违心的话，做了好多违心的事。但人民原谅他。因为他不做这些事，不说这些话，他自己也保不住，也不能在其中起中和作用，起减少损失的作用。他还保护了相当一批人。”

薄一波在《深切怀念敬爱的周恩来同志》一文中写道：

“文化大革命开始后，‘八一八’（毛泽东在天安门城楼上第一次接见红卫兵）那天，我最后一次上天安门。在天安门城楼上看到了周总理。他那时的心情也很沉重，紧紧地握着我的手，语重心长地说：‘一波啊，一定要经得住考验！继续革命嘛。’”

原来，林彪、江青一伙要把薄一波等人打成“叛徒”。

抗日战争前，薄一波等61位共产党员曾经被捕入狱。1936年，党中央指示，让他们履行国民党规定的手续出狱。在“文革”

中，林彪、江青一伙利用这段历史，妄图诬陷这些人为“叛徒”，从而达到他们打倒一批老干部的目的。

这61人中的刘澜涛被“红卫兵”抓走后，周恩来曾提醒毛泽东，在党的第七次和第八次全国代表大会上已经审查过这61人的代表资格，认为他们出狱的方式没有问题。

为使薄一波免遭迫害，周恩来批准原本有病的薄一波休养六个月，示意薄离开北京，避开锋芒。薄一波夫妇匆忙动身前往广州。即使这样，他们仍然没有逃出林彪、江青一伙的魔爪。1967年1月，薄一波被“红卫兵”抓回北京。周恩来闻讯，又指示把薄一波送进医院治疗。这是周恩来设法使受迫害的干部减少痛苦的一种策略。他用这种方法保护了很多受迫害的老同志。

在“四人帮”被粉碎后，薄一波曾对友人说，如果没有周恩来的关怀，他薄一波也许早被林彪、“四人帮”迫害死了。

陈毅是周恩来的亲密战友，也是我们党和国家的重要领导人。为此，陈毅也成为林彪和江青的主要打击对象之一。他们煽动一些人批斗陈毅，想在批斗会上把他揪走。周恩来旗帜鲜明地同他们进行斗争。他指示警卫部队部署在主席台下面保护陈毅。他还亲自参加批斗会。在会场上，周恩来看到上面挂着“打倒陈毅”的巨幅标语，他拒绝登上主席台，直到把这幅标语取走后才上去。他和陈毅坐在一起听批斗发言，表达对陈毅遭受迫害的同情和无奈。突然，几名膀大腰圆的“红卫兵”从前排的座位上冲上主席台，周恩来立即下令大会停止，并警告那些主持大会的人，他决不能容忍暴力。为了表示抗议，他愤然退场，同时命令警卫人员保护陈毅离开会场。

林彪、江青一伙一计不成，又生一计。他们指使一伙人围攻周恩来，使他连续18个小时不能吃饭和休息。还扬言要拦截陈毅的汽车，要冲到人民大会堂去揪斗陈毅。周恩来气愤地说：“谁要在路上拦截陈毅同志的车子，我马上挺身而出，你们要揪斗陈毅同志，我就站在人民大会堂门口，让你们从我身上踏过去！”由于周恩来坚持斗争，使林彪、江青一伙妄图揪斗陈毅的阴谋始终未能得逞。

■ “文革”期间，周恩来在批斗陈毅、陶铸大会上

在林彪、江青一伙迫害贺龙的时候，周恩来亲自派人把他接到中南海，以后又为他选定一处隐蔽、幽静的住所，派部队把他保护起来。还亲自过问他的医疗和生活情况。但是，尽管周恩来极力保护贺龙，也仍然没能使他幸免于难。他们设立了专案组审查贺龙。在那个年月，只要成立了专案组，不管被审查的人是否有问题，他的一切必须由专案组负责。因此，警卫部队不得不把被保护得很好的贺龙交出来。在那伙人的摧残和折磨下，为中国革命做出了重大贡献的贺龙过早地离开了人世。

在林彪反革命集团被粉碎以后，1975 年 6 月党中央为贺龙平反昭雪。在他逝世六周年后，为他举行了骨灰安放仪式。当时江青一伙人还把持着很大的权力，他们极力设置障碍，尽量把仪式的规模缩小，程序减少，不许用礼堂，不许奏哀乐，不许致悼词，不许送花圈，不许外地家属来京，不许发布新闻报道，等等。他们甚至派人登记出席骨灰安放仪式的人员名单和汽车号码，继续搞迫害活动。在这种情况下，正在住院治疗的周恩来，拖着重病的身躯，来到八宝山出席贺龙的骨灰安放仪式。

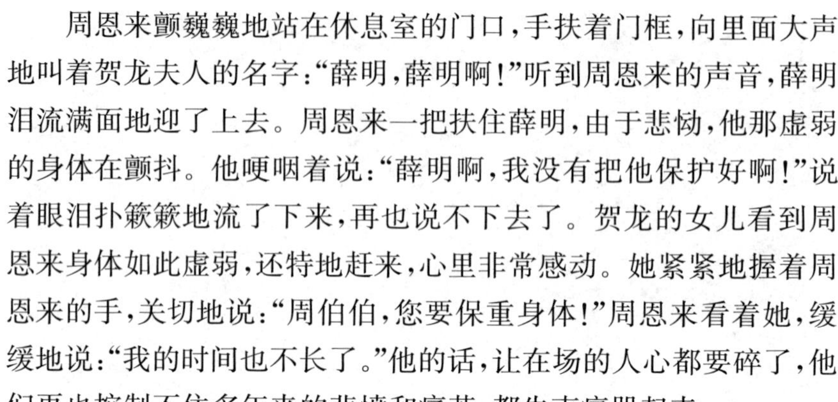

周恩来颤巍巍地站在休息室的门口，手扶着门框，向里面大声地叫着贺龙夫人的名字："薛明，薛明啊！"听到周恩来的声音，薛明泪流满面地迎了上去。周恩来一把扶住薛明，由于悲恸，他那虚弱的身体在颤抖。他哽咽着说："薛明啊，我没有把他保护好啊！"说着眼泪扑簌簌地流了下来，再也说不下去了。贺龙的女儿看到周恩来身体如此虚弱，还特地赶来，心里非常感动。她紧紧地握着周恩来的手，关切地说："周伯伯，您要保重身体！"周恩来看着她，缓缓地说："我的时间也不长了。"他的话，让在场的人心都要碎了，他们再也控制不住多年来的悲愤和痛苦，都失声痛哭起来。

周恩来在签到簿上颤抖着签上了自己的名字。他还要代因有外事活动没能出席的邓小平签名，但是手抖得太厉害才没有签。他派人把签到簿送到邓小平家里，并嘱咐去的人说："请他一定补签一个。"徐向前关心地说："你病成这个样子，怎么还来了？"周恩来沉痛地说："这个会，我不能不来啊！"

在贺龙的骨灰安放仪式上，周恩来亲自宣读了他临时起草的悼词，并对着贺龙的遗像接连鞠了七个躬，以表示对这位老战友的深切哀悼。

事后，薛明按照周恩来的嘱咐，把贺龙遭受迫害的经过写成报告，上报中央。可是，周恩来再也没能看到。后来，邓颖超见到薛明，拉着她的手深情地说："你写的那个报告，要是恩来看了，他会哭死的！"

周恩来像擎天的巨柱，在"文化大革命"的惊涛骇浪中顶逆流、战恶浪，用他宽阔的胸膛保护了许许多多党内外的好干部，为国家和人民留下了宝贵的财富。他的丰功伟绩将永远铭刻在中华大地上。

与金日成的友谊

1976年1月9日，朝鲜民主主义人民共和国主席金日成计划在这天做眼科手术。清晨，新华社向全世界播发了中华人民共和国总理周恩来逝世的消息。金日成闻讯泪水纵横。这位以坚毅著称的政治家难以抑制由衷的悲伤，他立即通知医生取消手术，他说："做眼睛手术不能流泪，但周恩来总理逝世，我实在无法控制自己……"

周恩来在长期的外交活动中，同全世界各国的许多领导人建立了深厚的友谊。他的远见和真诚，刚毅与灵活的外交风度感染了许多外国政治家。周恩来与金日成的友谊便是最好的例子。

早在中朝两国共同反抗日本帝国主义侵略的战争年代，朝鲜抗日英雄金日成就在中国东北组织朝鲜抗日游击队，与中国人民并肩浴血奋战。周恩来对金日成的无私无畏充满敬意。1948年，朝鲜民主主义人民共和国成立，金日成任首相。一年后，新中国成立，周恩来任总理兼外交部长。

1950年，当美国武装入侵朝鲜的时候，中国人民派出了自己的优秀儿女与朝鲜人民并肩作战，用鲜血和生命、勇敢与智慧战胜了强大的侵略者，取得了伟大的胜利。

1953年，金日成率朝鲜代表团来华访问，周恩来和毛泽东亲切会见金日成和朝鲜朋友。周恩来在盛大的国宴上致辞："中朝两

国人民在历史上尤其是近半个世纪以来，一直是唇齿相依，休戚与共。现在，中朝人民反抗帝国主义侵略的斗争已取得了伟大的胜利。在新的形势下，中国人民将尽力支持和援助渴望恢复国家统一，渴望和平进步的朝鲜人民医治战争创伤，进行经济恢复，并严防侵略战争的再起。”

周恩来与金日成进行了深入而亲切的会谈，他推心置腹地将中国战后恢复经济建设的经验教训介绍给金日成，并提出了中国对朝鲜提供经济援助的方案。金日成对此非常感动。他认为周恩来的话非常解渴，给人以茅塞顿开之感，尤其周恩来对朝鲜局势的分析和建议令他心悦诚服。会谈后，金日成与周恩来和毛泽东三位政治家谈笑风生，竞相发表对世界形势和中朝关系的见解。

1958年，周恩来访问朝鲜。金日成和朝鲜人民对中国客人表示了最热烈的欢迎。平壤人民都想亲眼目睹与自己命运有紧密联系的中国总理的风采，纷纷上街夹道欢迎，场面极为感人热烈。金日成与周恩来热烈拥抱，并致辞感谢中国人民对朝鲜人民的无私支援。周恩来谦虚而真诚地表示，从历史上说，朝鲜人民给予中国革命的支援更值得中国人民纪念和感谢。周恩来的话说得金日成激动万分，他认为周恩来所充分表达的两国人民的感情，是世界上最宝贵的东西。

周恩来的外交活动中，始终贯穿遇强自立、遇弱自谦的原则。在与一些大国的交往中，他铁骨铮铮，毫无自卑、媚俗之态。在与小国的交往中，他谦和真诚，毫无自满盛凌之风。金日成在与周恩来的长期交往中，对此感触深刻。

1952年，为了进一步争取苏联的帮助，周恩来出访苏联。考虑到在涉及朝鲜战争问题时的会谈效果，周恩来建议邀请志愿军总司令彭德怀和金日成同时访苏，斯大林欣然接受。9月，金日成和彭德怀到达莫斯科，斯大林与周恩来同时会见他们，并代表两国领导称赞人民军和志愿军。几天后，斯大林把周恩来、金日成、彭德怀请到家里，共叙大计、畅谈友谊。斯大林乘兴请各位喝酒。

■ 周恩来在金日成陪同下参观兴南化肥厂

周恩来不顾自己连日操劳身体疲惫，欣然作陪。

宴会后，金日成欲主动搀扶兄长周恩来先走，但周恩来坚持表示金日成是国家元首，反过来让金日成先行。两人推让良久，周恩来拗不过金日成，只好举步先行。彭德怀明白周恩来的意图，上前请金日成跟上周恩来，自己走在最后。三国领导人融洽无间。由于周恩来的努力和周到的安排，三国领导人会谈取得成功。苏联对朝鲜所作的援助和承诺超过了预想的目标。这是周恩来外交艺术的成功体现。

1959 年，为庆祝新中国建国十周年，金日成率朝鲜代表团到北京。周恩来亲自到新落成的北京车站迎接。金日成是新站落成后迎接的第一位外国首脑。朝鲜贵宾深感两国友谊在中国方面的至尊地位。

两年后，金日成再次访华，磋商《中朝友好合作互助条约》。周恩来亲自到机场迎接。在钓鱼台国宾馆，周恩来与金日成进行会谈。虽然在前期谈判中存在一些细节问题，但周恩来坦诚地表示：

“我们的国界很难划分，我们对你们实行门户开放。”周恩来主动恳切的友好态度，为会谈创造了良好的气氛和基础。

周恩来主动提到一件小事：“最近发生了一件事情。朝鲜人去鸭绿江中一个小岛上挖砂子，我们的边防部队干涉不许挖，我们已批评了他们。别说是砂子，就是金子也得让啦！”在场的朝鲜客人都会心地笑了。周恩来的真诚感染了他们。金日成也很感动，他明白周恩来视两国人民的友谊比金子还珍贵。面对中国领导人的友好姿态，金日成愉快地与周恩来签署了《中朝友好合作互助条约》。两国都认为条约具有促进友谊与合作的重大意义。

1970 年 4 月，周恩来应金日成的邀请再次访朝。到达的当天下午，周恩来前往平壤内阁大楼拜会金日成。一见面，周恩来就真诚地道歉说：“本来应该早点来，但分不出身，晚了半年。去年 10 月 12 日就同崔委员长说了要来，当时崔委员长说首相同志欢迎我访问朝鲜。十一月，十二月，一月二月三月不是半年了吗？”金日成见周恩来认真地掰着手指计算时间道歉的态度是那么诚恳，急忙为周恩来开脱责任说：“不要紧，虽然晚了一点，可是时间很好，来早了天气冷，欢迎群众还要受冻。”金日成对周恩来来访特别高兴，他有意强调说：“听说周恩来同志要来，我们就等，等待总理来访。我们清楚总理很忙，这次来我们感到很高兴。”周恩来大度地说：“双方领导人直接接触，问题都说清楚，就好解决了，因为大家都是看大局，看大方向的。”

周恩来友好与谦逊的表示，使两国领导人很快融入到情意之中。当晚，金日成举行盛大宴会，摆出最富于朝鲜特色的狗肉宴招待中国客人。宴席从冷盘到热菜全是狗肉，无论色泽还是造型都精美无比。周恩来与金日成的情感也如同宴会的热烈气氛一样得到升华。

1975 年 4 月间，金日成再次访华。在与毛泽东会谈后，金日成急切请求到医院看望病重的周恩来。此时的周恩来正遭受着病痛的折磨，听说金日成来探望，非常高兴。但因久病卧床，身体虚弱，两脚浮肿无法穿鞋。工作人员为他特制了圆口布鞋。金日成在邓小平陪同下走进病房客厅，周恩来亲切迈上前去与金日成握手致意。金日成握住老大哥的手，不安地仔细打量着与他心心相印的中国开国总理。看到周恩来往日潇洒的仪态消失大半，金日成心情格外沉重。

周恩来乐观地与金日成交谈，他的情绪使所有在场的人深受感染。金日成也渐渐露出笑容。两人谈了许多，好像又回到往日的难忘岁月。金日成既折服于周恩来的人格魅力，又深为老朋友的病情忧虑。会谈结束时，金日成紧握周恩来的手，愿他早日康复，继续掌握中朝友谊的航船。这是两人最后一次见面，也是两人近半个世纪伟大而真诚友谊的最后一幕。

周恩来与金日成的友谊，是中朝人民友谊的缩影。这种崇高的友谊，体现了两位政治家的高尚情操。周恩来在国际外交舞台上的光辉形象，为中国人民赢得了良好的国际声誉和威望，他是中国人民的骄傲。

■ 周恩来在医院会见金日成

夫妻情

周恩来与邓颖超在“五四”洪流中相识，在寻求理想中相爱，1925年8月结为夫妻。

与中国大多数夫妻不同的是，他们的生活轨迹，和国家民族的命运紧密相联；与大多数夫妻相同的是，他们在共同生活中，始终相亲相爱，互敬互慰。周恩来和邓颖超，被人们称为楷模夫妻。

在半个多世纪的共同生活中，周恩来与邓颖超始终不渝地保持着真诚与恩爱。建国后，身为总理的周恩来工作繁忙，夫妻相处的时间很少，常常是在深夜邓颖超入睡以后，周恩来才外出归来。他回来后总问：“大姐睡了没有？”如果已经睡了，他会放轻脚步声，以免打扰邓颖超休息。

周恩来经常彻夜工作，有的时候到第二天上午，仍不能休息。每当遇见这样的情况，邓颖超就在周恩来办公室的窗前喊一声：“恩来，该活动一下了！”有时周恩来因批阅文件顾不得吃饭，工作人员多次催促都没有用，他们只得请邓颖超提醒周恩来。邓颖超仍会站在窗前说：“恩来，吃饭了！”如果没有反应，她就加重语气说：“总理，吃饭了！”

邓颖超能同周恩来一起吃饭，她会非常高兴。他们在饭桌上聊一聊共同感兴趣的事，谈笑风生。

但有些时候，周恩来忙得连吃饭也不得安静。秘书们常常在

■ 1926 年周恩来与邓颖超在汕头合影

饭桌旁请示急需处理的工作，邓颖超从不抱怨，她怕影响周恩来的情绪，只半开玩笑地说："你们也给我们老两口留个说话的时间呀！"

在周恩来与邓颖超紧张繁忙的工作和生活中，有时也充满了情趣和幽默。

建国初期，周恩来任总理兼外交部长。对出国访问或是参加重大国际会议的人员，周恩来必定跟他们谈话。有一次，邓颖超出国参加一个国际会议，按理，行前周恩来应该向她交代一下，会上要持什么态度，坚持哪些方针、政策，有什么需要注意的事项。

可是，直到邓颖超要出发的当天，周恩来还在忙其他工作，没有同邓颖超谈话的意思。邓颖超乘晚上十点的火车，马上要动身了，周恩来仍没有谈话的意思。邓颖超真的着急了，她推开周恩来办公室的门，公事公办地叫了声"总理"，然后不满地说："我要向你提抗议了，别人出国你都谈话，我出国你怎么不找我谈话？"周恩来正在批阅文件，头也不抬地摆摆手，以示现在正忙，不要打扰。邓颖超便退了出来。直至晚上九点邓颖超出发前，周恩来仍"按兵不动"。

邓颖超要动身了，乘汽车去火车站。她刚坐稳，周恩来不慌不忙地也上来了。邓颖超以为他是要去车站送行，趁这个时候跟她谈出国的事。她故意不提会议的话头。谁知，她不提，周恩来也不提任何有关出国的事。一直到火车站，谁也没有提"正事"。

邓颖超有些生气了。但她料定周恩来一定得跟她谈话，因为这是国家大事啊！像周恩来这么认真负责的人，不可能不做交代就让她出国。这时，周恩来跟邓颖超一同上了火车。在火车上他还是东聊西聊说了半天，就是不谈出国的事。眼看着要开车了。邓颖超终于沉不住气了，她一边看表，一边问："快开车了，你还有什么要说的？"周恩来仍在笑着闲聊。邓颖超只好主动提示说："你没别的正经事要交代吗？"周恩来仍然好像没明白似的。

十点钟就要到了，邓颖超一看没时间了，只好催促周恩来说：

“要开车了，你怎么还不下车呀？”周恩来故作神秘地一笑，又装模作样地看着表说：“早着呢，还差两小时呢。”“你的表停了！”邓颖超急得直喊。但话没说完，车已经开动了。邓颖超埋怨地说：“叫你蘑菇，这下子热闹了。”周恩来却是无动于衷地看着火车驶出站台，诙谐地说：“还是很正点的啊。”“你怎么办？”邓颖超还在替周恩来着急，“在前面停一下？这可是趟国际列车”。“我已经安排加挂了一节公务车，我要去天津同市领导人谈工作。”周恩来终于揭开了谜底。“你怎么不早说？叫我……”邓颖超这才恍然大悟，“气”得她哭笑不得。

这时，周恩来像个开心的孩子一样，得意地笑着说：“咱们老两口都忙，一直没机会聊家常，我这样安排，没人来打扰，不是很好很别致吗？可以尽情聊上两小时。”

此时，邓颖超无比欣慰地笑了。

在列车上，他们谈会议，聊家常，两个小时的时间很快就过去了。这是他们终生难忘的一次旅程。

周恩来与邓颖超的共同生活中，既朴实无华，又幽默和谐。

周恩来的客人很多，他常常留客人吃饭。这时他总爱说：“别走了，一块儿吃饭吧，今天我请客。”

一次，邓颖超开玩笑地说：“怎么老是说你请客呀？你一个月有多少钱呀？你们是吃我的，别以为是吃你的。不信咱们分开算一算。”结果一个月的账算下来，周恩来的工资扣掉房租、水电和各种开支，真剩不下多少钱，全是邓颖超垫着。从此以后，周恩来请客如常，但总忘不了向人家说明一句：“今天是大姐请你们的客。”

周恩来的亲属比较多，邓颖超主动承担照顾周家亲属的任务。从建国后，他们用工资的节余部分来补助周家的亲属，直到周恩来去世多年，邓颖超一直管着他们。除了经常寄钱外，她还接济来北京治病的周家亲属，有时直到其病故为止。在接济周家亲属问题上，邓颖超从不让周恩来操心，总是慷慨解囊。她认为这也是为社会减轻负担，要是不安排好这些人的生活，会给周恩来带来不好的

■ 挚爱情深

影响。安排好亲属的生活，也就解除了周恩来的后顾之忧。作为领导干部的夫人，她要尽这个责任。

周恩来与邓颖超是伟人，又是平凡普通的夫妻。他们相互依恋，相互信任，相互敬慰。在周恩来病重住院的最后几个月里，年届70的邓颖超每天往返于医院和西花厅，有时一天两次，在病床前陪伴丈夫，为他读报，亲笔代写一些书信。病中的周恩来还无微不至地关怀着这位相伴几十年的妻子。他一再叮嘱邓颖超不要自己来医院，一定让秘书陪着她，要保重自己的身体。周恩来在知道自己的"时间也不多了"的情况下，仍惦念着妻子的健康，这种情感，感人肺腑，催人泪下。

在他们步入晚年之际，曾相约死后骨灰撒在祖国江河大地。他们是中华民族的好儿女，是中华民族的骄傲。

完美的人格和共同的情趣在他们身上相映生辉，集中体现了中国人民崇尚的传统美德。智慧而忠诚，热情而理智，自信而谦逊，勇敢而谨慎，坚定而灵活，温和而善辩，磊落无私，胸怀坦荡，只有将钱财生死、荣辱得失都置之度外的人，才可以达到这样的精神世界。他们将这些品德表现得自然天成，尽善尽美。

周恩来和邓颖超把一份感情遗产和道德遗产留给了后人。

最后的日子

1972年,经医生诊断,周恩来患了膀胱癌。他得知这一消息后,更加忘我地投入工作。他要抓紧这最后的时间多为人民做些事情。

到1974年,周恩来的病情已经相当严重,每天大量便血,多的时候达到上百cc。可他为了稳定国内混乱的局面,粉碎“四人帮”篡党夺权的阴谋,仍然拖着重病的身躯,不知疲倦地工作。有一次,他外出开会回来,下车时半天也站不起来,卫士急忙将他扶下车子。从下车地点到他的办公室只有30多米的路,可他的腿怎么也挪不动,只好由卫士架着他走。他感到身子软得直往下坠,不得不对卫士说:“我太疲乏,让我喘息一下。”稍事喘息后,他说:“好了,我们走!”卫士要送他回卧室,他不肯,挣扎着说:“到办公室,去办公室。”卫士哭了,恳求他说:“总理,求求你了,休息休息吧,恢复一下体力。”周恩来喘息着说:“你叫我什么?总理。我是这个国家全体人民的总理啊,现在国家这个样子,我不管谁管?我怎么休息得了啊?”

1974年6月1日,由于病情恶化,周恩来不得不接受住院治疗。临去医院前,他整理好办公室的文件,依依不舍地环视了一下他工作生活了25年的办公室和西花厅,他的眼圈红了。

住院后,他把病房又变成了办公室。据不完全统计,在他住院

■ **1974 年 9 月 30 日晚，周恩来在国庆招待会上讲话**

期间(1974 年 6 月 1 日至 1976 年 1 月 8 日)共做手术 13 次,召开会议 40 次,会见外宾 63 次,与中央及有关方面负责人等谈话 240 次。事实上,他除了不开会以外,其他工作照常进行。

1974 年底到 1975 年初,中共中央和毛泽东决定由周恩来主持筹备召开中共十届二中全会和第四届全国人民代表大会,决定政府的人事安排。这时,周恩来的病情已非常严重,医生发现他的大便中有潜血。但是,为了开好这两个会议,他把自己的病情置之度外,以惊人的毅力同病魔抗争,抓紧一切时间工作。1975 年 1 月,在四届人大会上,周恩来抱病做了政府工作报告,提出了"在本世纪内,全面实现农业、工业、国防和科学技术现代化,使我国国民经济走在世界的前列,把我国建设成为社会主义的现代化强国"的宏伟蓝图。这是他最后一次做政府工作报告,也是他留给中国人民最后的政治遗言。

■ **1975 年 1 月 13 日,周恩来抱病在四届人大上作政府工作报告**

四届人大闭幕后,周恩来的病情急剧恶化。3 月底,医生为他做了一次大的手术治疗。手术刚做完,周恩来躺在手术台上,用微弱的声音对身边的同志说:“把李冰同志叫来。”日坛医院的李冰刚出手术室,听说总理叫她,急忙返回。她俯下身,侧耳倾听。周恩来艰难地说:“云南锡矿工人肺癌发病情况,你,你知道不知道?”“知道。”李冰用沙哑的声音答道。“你们要去解决……这个问题。马上……去。”周恩来的脸上沁出了汗珠。李冰的眼圈红了,她看到周恩来在病情危重的时刻,仍然想着万里之外的矿工,心里非常感动。她强忍住抽泣,轻声说:“我就去,请总理别说话了,千万要好好休息。”走出手术室,李冰再也控制不住压抑的感情,任凭泪水夺眶而出。

9 月以后,周恩来的病情日益加重,体重只剩下几十斤。此时他已不能再“总理”国家大事,连看文件也非常困难。但只要他觉得精神稍好一点,就又起来工作。他说:“我还能听,脑子还能用。”一次,他让秘书把文件念给他听。他坐在椅子上,不时地倒换着支撑身体的手,豆大的汗珠从他的额头上滚落下来,可他强忍住剧痛,一声不吭。在场的医务人员看到这个情景,心都要碎了。

1976 年 1 月 1 日,人们都在欢度元旦,但守护在周恩来身边的工作人员心情却十分沉重。抢救已经进行了一天一夜,此时已是 2 日凌晨,剧烈的疼痛使周恩来不能入睡。看着他那慈祥的面容已经变得异常消瘦,平时炯炯有神的双眼已经深深地凹陷下去,从他那坚毅的嘴角可以看出他正忍受着一阵阵刻骨的疼痛,医务人员的心就像被刀剜一样的疼。

在沉重的静寂中,突然传来周恩来微弱而清晰的声音:“诗词!”医务人员知道他是要元旦在报纸上刊登的毛泽东的两首词《重上井冈山》和《鸟儿问答》,马上找来报纸给他朗诵。当读到最后两句“不须放屁,试看天地翻覆”的时候,他笑出了声。由于病痛的折磨,他已经很久没有笑了,这是他最后的笑声。

1 月 4 日,他从昏迷中醒来,首先询问:“主席身体怎么样?”“董老还好吗?”“刘帅,刘帅身体……”剧痛再次袭来,他颤抖着咬紧牙关。医务人员边为他擦汗边劝他说:“总理,你疼就叫出声吧,都是

自己人，你哼一哼就会疼得轻些。”他仍旧一声不吭。实在难以忍受时，他就请求：“吴医生，给我打一针……”

邓颖超实在看不下去了，她声音颤抖地对医生说：“这么痛苦，太难受了，他太难受……”医生含着眼泪说：“大姐，总理太重要了，多活一天对党对国家对全体人民都有重大利益，哪怕是一分一秒都有着重大意义。”

周恩来也深知自己活在人世的重大意义，他顽强地坚持着。

忽然他对身边的人说：“拿《国际歌》，放一放。”顷刻，病房里响起了《国际歌》那悲壮的旋律。周恩来嘴唇微动着，竟跟着乐曲哼唱起来。

雄壮的乐曲一连放了三遍，他对身边的邓颖超说：“我坚信全世界共产主义一定能实现。团结起来到明天，英特纳雄耐尔就一定要实现。”这位伟大的共产主义战士，在生命垂危的关头仍然对自己的信仰坚定不移。

1 月 7 日晚 11 时，周恩来再次从昏迷中睁开双眼。他环视了一下四周，认出了在他身边的吴阶平医生，吃力地对他说：“我这里，没有什么事了，还是去照顾别的生病的同志，那里，更需要你们

■ 无尽的哀思

……”话没说完，他又昏迷过去了。这是他讲的最后一句话。

在生命即将结束的时候，他心里想的仍然是别人。

1976 年 1 月 8 日，周恩来与世长辞。中国人民失去了一位伟大的儿子。

群山呼号，江河呜咽，辽阔的祖国大地沉浸在巨大的悲痛之中。

人们成群结队，扶老携幼，迎着凛冽的寒风伫立在长安街上，悲痛地为他送行。一滴滴热泪洒在天安门广场上，一朵朵洁白的小花，寄托着人们无限的哀思。

周恩来的一生是全心全意为人民服务的一生。为了党和人民的事业，他鞠躬尽瘁，无私地奉献出了自己毕生的精力和才华。

图书在版编目（CIP）数据

周恩来 / 吕章申主编. — 上海:上海教育出版社,
2014.8(2023.4重印)
（共和国领袖故事丛书）
ISBN 978-7-5444-5650-0

Ⅰ. ①周… Ⅱ. ①吕… Ⅲ. ①周恩来（1898 ~1976）
- 生平事迹 Ⅳ. ①K827=7

中国版本图书馆CIP数据核字(2014)第171265号

责任编辑　耿　坚
封面设计　陆　弦

共和国领袖故事
周恩来
中国国家博物馆　编著

出版发行　上海教育出版社有限公司
官　　网　www.seph.com.cn
地　　址　上海市闵行区号景路159弄C座
邮　　编　201101
印　　刷　三河市紫恒印装有限公司
开　　本　700 × 1000　1/16　印张 15　插页 1
版　　次　2014年8月第1版
印　　次　2023年4月第4次印刷
书　　号　ISBN 978-7-5444-5650-0/K · 0041
定　　价　56.00 元